ACTE D'ACCUSATION

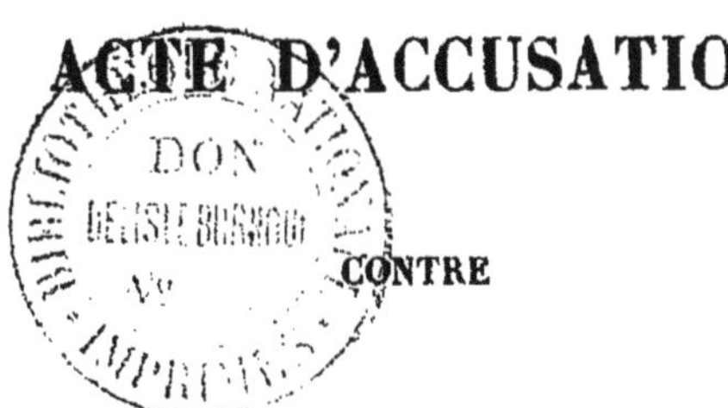

CONTRE

LIBRI-CARRUCCI

—◦—

PARIS

PANCKOUCKE, RUE DES POITEVINS, 14

—

1850

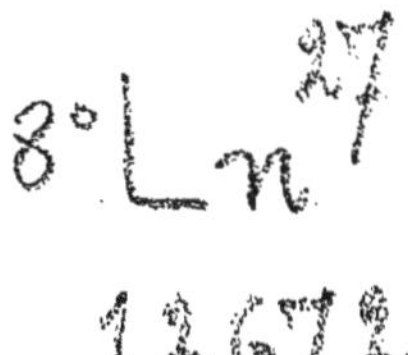

ACTE D'ACCUSATION

CONTRE

LIBRI-CARRUCCI.

Le procureur général près la cour d'appel de Paris expose que, par arrêt en date du 12 avril 1850, la chambre d'accusation de ladite cour a renvoyé devant la cour d'assises du département de la Seine, pour y être jugé conformément à la loi, le nommé Guillaume-Brutus-Timoléon Libri-Carrucci, né à Florence, âgé de quarante-six ans, membre de l'Institut, professeur au collége de France, ayant demeuré à Paris, *absent ;*

Déclare le procureur général que des pièces du procès résultent les faits suivants :

En 1846, une dénonciation anonyme, rédigée sous les yeux du préfet de police, et une lettre pseudonyme signée *Henri de Baisne,* furent transmises au procureur du roi. Libri y était signalé comme ayant soustrait dans les bibliothèques du midi, notamment à Carpentras, des livres rares, des manuscrits et autographes d'une valeur de 3 à 400,000 fr. On ajoutait que, pour écarter les soupçons, Libri, après avoir gratté les cachets de ces livres ou manuscrits, les « avait artificieusement envoyés en Italie pour les faire revenir *habillés à l'italienne,* » et qu'ensuite il les avait vendus en Angleterre. Un seul volume avait été acheté de lui, au prix de 6,000 fr., par le musée de Londres.

Le chef du parquet, dans une correspondance purement officieuse avec ses collègues de Montpellier, de Grenoble et de Carpentras, demanda si des soustractions n'auraient pas été commises dans les bibliothèques de ces villes. Le nom de Libri n'était pas prononcé ; rien ne transpirait des imputations dirigées contre lui. Ces ménagements commandés à la fois par la nature des dénonciations, par la position de

celui qui en était l'objet, rendaient les investigations difficiles : aucun résultat ne fut obtenu. Les recherches furent
suspendues.

On les reprit sur une nouvelle dénonciation adressée, le
13 juillet 1847, au procureur général près la cour de
Paris.

Cette fois, les renseignements recueillis parurent dignes
d'attention. La bibliothèque de Troyes avait perdu des ouvrages précieux. Ils n'avaient pu être enlevés, disait le bibliothécaire, que « par un de ces visiteurs hardis, opiniâtres,
« dont la position sociale commande une entière confiance,
« et qui arrivent munis, sinon d'ordres, du moins de re-
« commandations supérieures. » Or, au nombre de ces personnes était Libri, qui avait *visité deux fois les manuscrits
très-particulièrement.*

Un Théocrite, édition aldine de 1495, avait disparu de la
bibliothèque de Carpentras, et s'était retrouvé dans une vente
faite par l'accusé au mois d'août 1847.

Ces faits et d'autres furent exposés dans un rapport qui
venait d'être mis sous les yeux du ministre de la justice et
communiqué au président du conseil, quand arriva la révolution de Février.

Le 28 février, un rédacteur du *National* pour la partie
scientifique, le sieur Terrien, qui avait eu connaissance de ce
rapport, vit entrer à l'Institut l'accusé dont la physionomie
rayonnante faisait, dit-il, contraste avec l'attitude calme et
réfléchie de ses collègues. Il lui remit un billet signé de lui
et ainsi conçu :

« Monsieur, vous ignorez sans doute la découverte qui a
« été faite du rapport judiciaire concernant votre inspection
« dans les bibliothèques publiques. Croyez-moi, épargnez à
« la société nouvelle des réactions qui lui répugnent ; ne ve-
« nez plus à l'Institut. » Libri se retira aussitôt ; le jour
même il disparut de son domicile.

Le 20 mars, une instruction fut requise contre lui. Le 22,
la justice trouvait son appartement désert ; quelques gros
meubles seulement s'y voyaient encore ; tous étaient ou-
verts, contenant quelques objets qui avaient été négligés.
Dans les foyers, on remarquait les débris d'une grande quantité de papiers brûlés. La bibliothèque de Libri, composée
de trente mille volumes environ, avait été déménagée en
toute hâte, et ses livres précieux avaient été entassés pêle-
mêle dans différents dépôts, rue de Sèvres, n° 23, et rue
d'Enfer, n°ˢ 45 et 78. Dix-huit caisses de livres, assurées au
prix de 25,000 fr., avaient été dirigées sur le Havre. Un na-
vire les transportait à Londres, au moment où un magistrat,

par suite d'une commission rogatoire, se présentait pour en opérer la saisie.

Le sieur Crosnier, sur les instructions de Libri, qui l'employait au classement de ses livres, avait emporté chez lui une caisse, trois paniers et trois paquets renfermant des autographes et une grande quantité de lettres. Il avait été chargé de brûler tous ces papiers; mais il mit, dit-il, les autographes à part, et s'arrêta même dans la destruction de la correspondance, quand il connut par les journaux les faits reprochés à l'accusé.

Plusieurs ouvrages furent retrouvés entre les mains de ses acquéreurs et de diverses personnes qui travaillaient pour lui.

La justice fit mettre sous scellés les livres, les manuscrits, les papiers, tous les objets enfin qui pouvaient servir à la découverte de la vérité. Dès le 27 mars, des diligences étaient faites afin de rétablir au domicile de Libri sa bibliothèque, ses autographes et autres documents. Pour cette opération, les scellés ont été régulièrement levés et réapposés. C'est sur ces divers objets qu'ont porté les investigations de la justice; c'est là qu'elle devait trouver des indices et des preuves qu'on aura bientôt l'occasion d'apprécier.

Dans cette voie nouvelle où l'instruction se trouvait désormais engagée, si les ménagements n'étaient plus possibles, il n'était plus permis, d'un autre côté, de s'appuyer sur des dénonciations anonymes ou des documents sans précision. Il fallait soumettre toutes les imputations à un contrôle sévère, interroger froidement les faits, remonter, par l'étude attentive de la correspondance et des papiers de Libri, à la source de ses acquisitions, chercher dans ses livres, dans ses autographes, des signes certains de leur origine, des preuves matérielles d'un détournement ; il fallait triompher de bien des obstacles, déjouer d'artificieuses précautions, d'habiles stratagèmes. A travers ces difficultés et ces ténèbres, la marche de la justice devait être plus lente pour être plus sûre.

Tel était le but que se proposait l'instruction. On verra s'il a été atteint.

Les recherches techniques furent confiées à des experts, élèves de l'Ecole des chartes, désignés par le ministre de l'instruction publique.

Après le dépouillement de la bibliothèque de Libri, de ses papiers, des divers documents recueillis par l'instruction, on fut tout d'abord frappé de l'immense disproportion qui existait entre la richesse de ses collections et ses ressources personnelles. A son arrivée en France, en 1830, sa gêne était notoire. La correspondance de sa mère le prouve : elle lui

écrivait notamment, le 17 mars 1833 : « Crois que je suis
« persuadée que tu cherches à épargner *jusqu'à un sou : tu*
« *en connais trop la nécessité.* » A cette époque, il fut nommé
membre de l'Institut, et, en décembre 1834, professeur adjoint à la Faculté des sciences, aux appointements de 4,000 fr.
Le 29 août 1838, Mme Libri écrivait à son fils, dont la position s'était améliorée : « Si je devais prêter l'oreille à tous
« ceux qui viennent ici, tu serais riche ; mais comme *tu*
« *ne m'as parlé que de la pension de la chaire et de l'Insti-*
« *tut,* je regarde ce que l'on dit comme une exagération,
« puisqu'il ne t'a pas semblé à propos de me donner un
« grand plaisir en me faisant savoir que tu as des moyens
« *pour être mieux.* » C'est dans la même année 1838 qu'il
devint membre du bureau du *Journal des Savants.* Sa collaboration à ce journal, au *Journal des Débats* et à la *Revue
des Deux-Mondes,* la suppléance de M. Lacroix au collége de
France, l'indemnité qui lui fut allouée comme secrétaire de
la commission chargée de rédiger le catalogue général des
manuscrits, le produit de la vente de son *Histoire des sciences
mathématiques,* quelques sommes reçues d'Italie par l'intermédiaire de sa mère, ont ajouté à ses ressources ; tout a été
calculé, et l'on a eu beau restreindre l'évaluation de ses dépenses annuelles, on s'est toujours trouvé bien au-dessous
du chiffre qu'il fallait atteindre.

En effet, en 1847, on trouve en sa possession : 1° les manuscrits vendus à lord Ashburnham, 200,000 fr. ; 2° des
livres imprimés vendus en juin et en août 1847, au prix de
106,000 fr. environ (105,751 fr. d'après l'estimation du
commissaire-priseur ; mais Libri porte le produit de cette
vente à plus de 115,000 fr. — V. *Réponse au rapport de
M. Boucly,* p. 84) ; 3° les livres destinés à des ventes ultérieures formant, est-il dit dans un de ses catalogues, les
quatre derniers cinquièmes de sa collection, *également riche
dans toutes ses parties,* et que l'on peut conséquemment évaluer à 400,000 fr. au moins. Libri soutient que sa bibliothèque, au moment de la révolution de Février, ne présentait qu'une valeur de 300,000 fr., et il y comprend même
42,000 fr. de livres achetés au libraire Techener, en mai
1847 (*Lettre à M. de Falloux,* p. 289). Ce chiffre est évidemment bien au-dessous de la vérité. En l'acceptant néanmoins, on arrive à un total de près de 600,000 fr. (563,751 fr.
déduction faite des 42,000 fr. de livres vendus par Techener.)

Or, en accumulant toutes ses ressources, on n'obtient pas
la moitié de cette somme. Vainement essayerait-on de rétablir l'équilibre à l'aide des bénéfices qu'il a pu réaliser sur

les ventes antérieures à 1847. D'abord les collections se vendent assez rarement avec de grands avantages ; les plus riches ont toujours des lacunes ; pour les combler il ne faut pas reculer devant les sacrifices. Libri dit lui-même (*Réponse à M. Boucly*, p. 101) « que les frais de restauration entraînaient pour lui des dépenses considérables, qu'ils excédaient, pour certains livres, la valeur vénale des volumes. » Ensuite, M. Commendeur, commissaire-priseur, a déclaré que, de 1835 à 1846, il avait effectué, pour le compte de Libri, onze ventes publiques de livres, de manuscrits et d'autographes, ayant produit ensemble 48,723 fr. 63 c. D'autres ventes ont été découvertes par les experts qui élèvent le chiffre total à 90,000 fr. au lieu de 48,723 fr. Que dans ce chiffre de 90,000 fr. on élargisse au delà de toute vraisemblance la part des bénéfices ; qu'on ajoute ces bénéfices au chiffre des recettes ; qu'on y ajoute, si l'on veut, la somme entière, les 90,000 fr., et l'on sera toujours bien loin de la valeur des richesses bibliographiques possédées par Libri en 1847.

Aussi, comprenant que ses ressources personnelles étaient insuffisantes pour justifier une telle possession, a-t-il dit (*Lettre à M. de Falloux*, p. 289) : « C'était le fruit de mes « épargnes, c'était toute ma fortune, *à laquelle s'était jointe* « *une partie notable de la fortune de ma mère, qui n'avait* « *jamais hésité à me faire des avances considérables*, pour que « je pusse satisfaire mes goûts. »

Il oubliait, en parlant ainsi, que la correspondance de sa mère était entre les mains de la justice. Elle lui écrivait, le 16 mai 1833 : « J'avais l'espérance que tu verrais qu'avec « vingt écus par mois, qui me suffisent pour vivre pauvre- « ment, je ne puis remplir tous ces engagements. » Il s'agissait d'engagements pris par M. Libri père et par son fils, et entre autres d'une dette de 9,500 livres florentines prêtées à ce dernier par M. Gino Capponi, dette que la mère et le fils se trouvaient hors d'état de payer, même en 1835 (ainsi que l'atteste une lettre du 16 juillet même année) et qui ne fut remboursée que le 3 janvier 1838.

Enfin, dans une lettre du 23 mai 1833, Mme Libri disait à son fils : « Dans ma vieillesse, je n'aurai qu'à me réfugier « dans les établissements publics. »

Il est vrai néanmoins que Libri a reçu d'Italie, *par l'intermédiaire de sa mère*, différentes sommes provenant de son traitement de professeur à l'université de Pise et d'une rente viagère de 1,680 livres florentines due par un sieur Bartolini ; mais ces sommes n'ont point été négligées dans le calcul de ses ressources ; elles lui appartenaient, ce n'étaient point des avances faites par sa mère.

Un autre genre de vérification a amené le même résultat; il n'a pas été possible de mettre en rapport la valeur de ses collections avec le chiffre de ses achats. Dans sa réponse au rapport de M. Boucly, il dit : « *Depuis assez longtemps* je « pouvais mettre, en moyenne, environ 20,000 fr. par an en « achats de livres. » Et ailleurs : « A partir de 1833, outre « les volumes séparés qui doivent faire une assez grosse « somme, j'ai dépensé aux ventes et chez les libraires (tout « compris, livres imprimés et manuscrits) pour plus de « 3 0,000 fr., et je le prouverai *dès qu'on me rendra mes* « *papiers.* »

D'abord, ses ressources ne lui ont jamais permis de disposer soit d'une somme de 20,000 fr., en moyenne par année, soit de la somme de 300,000 fr. prise en masse. Ensuite, les papiers qui doivent, suivant lui, prouver l'exactitude de ses assertions, ont été consultés avec le plus grand soin. Le chiffre de ses achats s'élève à peine à la moitié de la somme qu'il indique.

Pendant que l'instruction cherchait la source de ces richesses bibliographiques, elle trouvait, au domicile de Libri, des fers servant à l'imitation des reliures anciennes, des volumes ayant subi ce genre de falsification, les modèles qui avaient été habilement calqués et reproduits, enfin une boîte remplie de caractères d'imprimerie. Elle reconnaissait qu'il avait fait *monter à l'anglaise des pièces sur feuilles simples ou faibles de papier, de manière non-seulement à les consolider et à leur donner meilleure apparence, mais encore à les dépayser entièrement* et à pouvoir les *confondre* dans un même lot d'autographes avec d'autres pièces venant de Londres ; que, plus d'une fois, les *écritures, se trouvant en tête des premiers feuillets comme à la fin des livres, avaient disparu sous le lavage ;* que des estampilles avaient été tantôt grattées, tantôt enlevées au moyen de procédés chimiques. Deux témoins rapportaient cette déclaration du jeune Abry : « J'ai travaillé « chez M. Libri avec deux autres personnes, pendant quinze « jours ou trois semaines, à gratter et faire disparaître des « cachets et timbres sur des livres. M. Libri voulait aussi « s'en mêler, mais il faisait des trous et nous étions obligés « de les raccommoder. » Cette dernière partie de la déclaration semble confirmée par une note de la main de Libri : « N° 320. *Arranger. moi. (Duru).* » Duru est un relieur. Une autre note également de sa main porte : « N° 148. *Vigna* « (c'est le nom d'un restaurateur de manuscrits), *gratter dé-* « *licatement le cachet.* »

Comme si les précautions astucieuses devaient se rencontrer à chaque pas, ses ventes nombreuses s'opéraient sous le voile de l'anonyme ou sous d'autres noms que le sien. Un des intermédiaires de Libri déclare qu'il lui payait sans quittance le prix des ventes d'autographes dont il était chargé, et que le nom du vendeur n'était indiqué sur le registre que par un *L.* et trois étoiles. Cette précaution, s'il faut en croire le témoin, est assez habituelle dans ce genre de commerce qui, comme on le verra, n'est pas toujours irréprochable.

Peut-on ne pas se rappeler alors combien de facilités et d'occasions s'étaient offertes à Libri ? Ses titres, ses fonctions, les recommandations qu'il sollicitait et obtenait du ministre de l'instruction publique, lui ouvraient toutes les bibliothèques. Seul, il montait aux échelles, prenait les livres sur les rayons ; il avait accès là même où personne ne pouvait pénétrer sans être accompagné.

Si, dans ses catalogues, entre les mains de ses acquéreurs ou à son domicile, on trouve des livres, des autographes, des manuscrits qu'il avait consultés dans les bibliothèques avec des facilités refusées à tout autre ; si l'on y rencontre surtout de ces ouvrages rares que, suivant l'expression de M. Brunet (*Lettre au bibliophile Jacob*), « il est très-aisé de suivre à la piste; » si la justice met la main sur des volumes portant encore l'estampille mal effacée du dépôt public qui les a perdus ; si l'on voit sur des pièces soustraites les cotes, les numéros d'ordre de la bibliothèque à laquelle elles appartiennent ; si, pour dérouter les investigations, le titre de certain volume a été changé, la reliure changée, les gardes changées, l'estampille grattée ; si l'on a poussé la supercherie jusqu'à simuler une édition au lieu d'une autre et que la vérité se soit fait jour ; si tel autographe, détaché d'un recueil, est découvert chez l'accusé et vient s'adapter parfaitement à la souche d'où il a été enlevé...., on comprend trop facilement alors que, dans une position qui devait le protéger, les soupçons l'aient atteint ; qu'un journal ait parlé de *son zèle à conserver les bibliothèques,* qu'on se soit montré surpris de voir entre ses mains des raretés qu'on ne pouvait se procurer *ni pour or, ni pour argent.* On comprend sa fuite, sa recommandation au sieur Crosnier de brûler ses papiers ; on comprend l'enlèvement de dix-huit caisses de livres et de manuscrits soustraites à l'examen de la justice.

Dans leur travail les experts se sont occupés successivement des imprimés, des autographes, des manuscrits. Il importe d'exposer les faits dans le même ordre. Les divers dépôts publics où des soustractions ont été constatées formeront les subdivisions de ces trois catégories.

Les investigations de la justice ne se sont pas étendues à

toutes les bibliothèques où Libri, par sa position scientifique, ses missions officielles, avait trouvé un si libre accès. Elles ont porté seulement sur les dépôts publics indiqués par les documents mêmes qui avaient été ou étaient encore en la possession de l'accusé, et qui mettaient sur la trace de leur origine.

Ainsi restreintes, les recherches ont exigé bien du temps, bien des soins; on va juger des résultats qu'elles ont produits.

DOCUMENTS IMPRIMÉS.

Bibliothèque Mazarine.

Libri a fréquemment visité la bibliothèque Mazarine, et il avait accès partout. M. Thiébaut, conservateur, l'a souvent trouvé seul, montant aux échelles, fouillant dans *les pièces du haut, réservées aux ouvrages les plus précieux*, toujours fermées à clef et où ne pénètre jamais le public. Il l'a même rencontré dans la pièce la plus secrète de la bibliothèque, lieu de dépôt où s'entassent sans ordre les volumes incomplets, les doubles et autres documents qui ne doivent plus figurer sur les rayons. « Ma surprise fut d'abord ex« trême, dit-il, car, depuis quarante-cinq ans, je n'avais ja« mais vu une seule personne pénétrer dans ces dépendan« ces de l'établissement sans être accompagnée. » La première fois, le témoin demanda à Libri s'il était autorisé, et par qui ? Celui-ci répondit : « Par l'ordre de M. l'administrateur et conformément à une lettre du ministre. »

Sur trois mille numéros composant le catalogue de la vente de Libri en 1847, mille ont plus particulièrement appelé l'attention des experts comme indiquant des ouvrages, la plupart italiens, du 16e et du commencement du 17e siècle, presque tous d'une grande rareté. Cent cinquante de ces ouvrages étaient à la fois portés sur le catalogue de Libri et sur celui de la bibliothèque. Après les recherches les plus attentives, on a constaté l'absence de soixante et un articles qui avaient disparu soit des rayons, soit des recueils dont ils faisaient partie.

Cette coïncidence n'était encore qu'un indice, et il était important d'établir entre les volumes soustraits et les volumes vendus une parfaite identité.

Libri avait racheté à sa vente un certain nombre de livres qui n'avaient pas atteint un prix assez élevé. Six ont été retrouvés et saisis chez le sieur Franck, libraire ; on a pu dès lors les soumettre à un scrupuleux examen et faire d'utiles constatations.

La *Theseida di messer G. Bocaccio*, Venise, 1528, in-4°,

était la première pièce du recueil de la Mazarine, coté n° 10,931. L'exemplaire saisi porte sur le titre la trace circulaire d'une estampille noire effacée à l'aide d'un acide et qui semble s'adapter exactement à l'un des timbres de cette bibliothèque. Elle *semble* s'adapter, parce que, sous l'action de l'acide, les contours de l'empreinte ont perdu leur netteté et leur précision.

On remarque les mêmes traces d'estampilles effacées sur le *Driadeo d'amore di Luca Pulci*, sans date, in-4°, et sur le *Timone comœdia del magnifico conte Matheo Maria Bojardo*, Scandiano, in-4°, 1500. Le premier de ces ouvrages faisait partie, comme la *Théséide*, du recueil n° 10,931, et le second du recueil n° 10,937.

L'Herbolato di M. Lodovico Ariosto, Venise, 1545, in-8°, a fourni des indications plus précises. Cette pièce, enlevée du recueil n° 28,902 de la Mazarine, est portée comme étant la neuvième sur une liste écrite à la main et placée en tête du volume. Chacune des pièces de ce recueil a son numéro d'ordre au bas du titre : la 1re, le n° 51 ; la 2e, le n° 52...; la 8e, le n° 58. La 9e (l'*Herbolato*) devait conséquemment avoir le n° 59. Or, au bas du titre de l'exemplaire saisi, on lit en effet ce dernier numéro, à moitié effacé, mais encore très-visible, et tracé de la main qui a numéroté les autres pièces laissées au recueil. Rien n'avait été négligé cependant pour rendre cet exemplaire méconnaissable. On l'avait soigneusement rogné, doré, relié ; on avait tenté d'effacer une estampille circulaire, dont la trace est restée et dont la dimension est précisément celle d'une des estampilles de la bibliothèque Mazarine.

Des constatations de même nature ont été faites sur la pièce intitulée *Lamento di quel tribulato di strascino Campaña...* Venise, 1523, in-8°. Cette pièce faisait partie d'un recueil de la Mazarine, n° 21,881, dont tous les feuillets sont numérotés à la main, et d'après une note placée sur la garde, elle devait contenir les feuillets 64 à 92. L'exemplaire saisi a été rogné ; le titre porte à gauche la trace d'une estampille effacée, et il est encore possible de distinguer, au haut de la plupart des feuillets, une légère trace de grattage. *L'Adone* de Tarchagnota, qui a été arraché du même recueil, figure au catalogue Libri.

La pièce intitulée *Opera quale contiene le diece tavole de proverbi*, Turin, 1555, petit in-8°, était la sixième du recueil de la Mazarine, n° 22,586. Ce recueil, qui contenait huit pièces, a complétement disparu. *L'Opera quale contiene* a été retrouvé au domicile de Libri, complétement gâté par le lavage auquel on l'avait soumis. Sur le titre à gauche, on voit encore très-distinctement l'empreinte d'une estampille circulaire imprimée en noir, offrant la même forme et la même dimension que la plus petite des estampilles de la Mazarine. Au catalogue de Libri, et sous les n°s 2,546 et 2,547, se trouvent deux pièces intitulées : l'une, *Operetta nella quale si contengono proverbii*; l'autre, *Libretto copioso di bellissimi proverbii*. Deux pièces, portant les mêmes titres, faisaient partie du recueil n° 22,586, qui renfermait, comme on l'a vu, l'*Opera quale contiene*.

L'instruction n'a pas tardé à faire des découvertes plus décisives encore. Les experts, en signalant les ouvrages soustraits à la bibliothèque Mazarine, avaient relevé d'avance les particularités qui permettraient d'en reconnaître l'origine, s'ils étaient mis sous la main de la justice. Or, pour un certain nombre de volumes, cette prévision s'est réalisée.

Ainsi l'*Homerus de bello Trojano* a été retrouvé chez l'acquéreur de Libri. Celui de la bibliothèque Mazarine faisait partie du recueil n° 10,427, dont il avait été frauduleusement détaché. Il se composait de vingt-neuf feuillets portant les n°s 81 à 110. « S'il n'a pas été rogné, disaient les ex- « perts, on doit retrouver au haut des pages la trace des « chiffres de 81 à 110 à la main, de plus, le titre doit por- « ter la trace d'une estampille noire et circulaire. » L'*Homerus* vendu par l'accusé ne porte, il est vrai, aucune trace de chiffres; mais en le comparant avec le recueil de la Mazarine, on reconnaît que la marge a été rognée d'environ 5 millimètres, et l'on voit sur le titre l'empreinte d'une large estampille circulaire que le grattage n'a pu faire disparaître entièrement. Ces indices ont déjà leur valeur, car il s'agit d'un ouvrage rare, l'un des plus rares, suivant l'accusé, que l'ancienne librairie parisienne ait publiés; ce n'est pas tout néanmoins. L'exemplaire de la Mazarine, a-t-il été dit, se composait de vingt-neuf feuillets; l'*Homerus* vendu par Libri en présente le même nombre. Ce qui paraît surtout digne de remarque, c'est que ce nombre de vingt-neuf feuillets n'est complété que par l'addition d'une pièce de deux feuillets, étrangère à l'opuscule, et qui y était jointe dans le recueil de la Mazarine. Pour que rien ne manquât à la démonstration de l'identité, il a été constaté que la première page de la pièce additionnelle laisse apercevoir la trace d'un $\bar{e}$ surmonté d'un trait et suivi du chiffre 6 ($\bar{e}$, 6). Or, chaque pièce du recueil n° 10,427 est marquée d'un $\bar{e}$ surmonté d'un trait et suivi d'un numéro d'ordre. La marque $\bar{e}$ 6 devait bien être effectivement celle de la pièce additionnelle, puisque la pièce qui venait immédiatement après dans le recueil est cotée $\bar{e}$ 7. Enfin on voit sur le recueil des traces d'arrachement qui s'adaptent exactement aux traces de même nature laissées sur la dernière page de l'*Homerus* vendu par Libri.

L'*infelice amore... da Clitia* avait été signalé par les experts comme ayant disparu de la bibliothèque Mazarine. L'exemplaire trouvé en la possession d'un acquéreur de Libri porte encore sur la première et la dernière page les traces bien visibles d'une estampille tout à fait semblable à la plus petite de cette bibliothèque.

Des traces d'estampille , indiquant là même origine, se remarquent au bas du titre et au dernier feuillet de l'ouvrage intitulé *Cose vulgari del Politiano,* qui était coté à la Mazarine sous le n° 21,872.

L'*Origine degli volgari proverbi*, d'Aloyse Cinthio, Venise, 1526, in-folio, avait également disparu de cette bibliothèque. Il figurait au catalogue de Libri sous la date inexacte de 1527. L'exemplaire vendu par l'accusé conserve sur le titre la trace d'une grande estampille circulaire, et il est facile de voir à la dernière page un trou de même forme recouvert de papier.

Le recueil n° 10,931 de la Mazarine contenant cinq pièces avait été signalé par les experts comme ne se retrouvant plus à la bibliothèque. La dernière pièce, d'après le catalogue, était intitulée *Canzone a ballo.* Un exemplaire de cet ouvrage a été acheté 200 fr. à la vente faite par Libri. On lit en tête du premier et du second feuillet les n°ˢ 225 et 226 ; les autres laissent voir des traces de grattage. L'exemplaire vendu par l'accusé a donc fait partie d'un recueil ; comme les pièces de la Mazarine, il a été paginé. S'il ne porte pas sur le titre de traces d'estampilles, cela s'explique par là place qu'il occupait. Le bas du dernier feuillet a été assez fortement travaillé. En outre, on a façonné la tranche de manière à laisser croire qu'elle n'avait jamais été rognée.

La Mazarine possédait un ouvrage intitulé *Rime di Bembo,* sous le n° 10,955. D'après le catalogue, il était relié en veau. Les experts avaient annoncé qu'on devrait trouver des traces d'estampille à la première et à la dernière page. Un volume portant le même titre se rencontrait bien dans une des ventes de Libri, mais le catalogue le signalait comme ayant une reliure en maroquin. Ce volume a été saisi ; on y remarque des vestiges d'estampilles très-visibles ; le haut du titre a été gratté à l'endroit même où se place habituellement sur les ouvrages de la Mazarine un numéro écrit à la main. Enfin la reliure est non pas en maroquin mais en veau.

Le recueil n° 21,960 de la Mazarine contenait en un seul volume vingt-trois pièces détachées notamment *Ariosto, Stanze Tramudade.* Toutes ces pièces se retrouvent dans la vente

Libri, disséminées en vingt-trois articles. On y retrouve également le *Justus de Comitibus*, le *Timone* et les *Sonetti e canzone de Bojardo*, trois pièces qui formaient un même recueil
à la Mazarine, sous le n° 10,937 ; un *Adone (Tarchagnota)*,
un *Lamento (Campana)*, qui faisaient partie du recueil
n° 21,881, et dont deux pièces portant ces mêmes titres ont
été arrachées ; un *Anton. de Tempo, de rhythmis vulgaribus*
et vendu par Libri 221 fr., en même temps que deux autres
pièces également distraites du recueil n° 20,806 ; un *Malclavelli compendium*, livre précieux, dont un exemplaire figurait au recueil de la Mazarine, n° 32,878, désigné sur le catalogue Libri comme « un livret extraordinairement rare qui
paraît avoir échappé à tous les bibliographes » et qui a atteint le prix de 261 fr.

La *Galeomyomachia* est un opuscule si rare qu'il manque
dans presque toutes les bibliothèques publiques. Avant 1846,
il s'en trouvait un à la Mazarine, le seul complet, le seul
connu en France, disaient les bibliographes. Cette pièce et
deux autres sans valeur, l'*Æsopus* et le *Phalaris*, compo-
saient le recueil n° 11,095 A. En 1846, le conservateur de
cette bibliothèque ayant appris qu'un exemplaire de la *Galeomyomachia* devait se vendre à Rouen, se reporta au recueil n° 11,095 et reconnut que le précieux opuscule en avait
été enlevé. Les coupures révélaient une soustraction récente.
L'exemplaire, mis en vente à Rouen, ne provenait pas de la
bibliothèque ; il était défectueux, ce qui ne l'empêcha pas
d'être adjugé à 1,100 fr.

En juillet 1847, le catalogue de Libri annonçant la vente
de la *Galeomyomachia*, donna de nouveau l'éveil aux conservateurs de la Mazarine. « Nous crûmes devoir lui écrire, dit
« M. de Sacy, pour le prier de nous mettre en mesure de
« vérifier si cet exemplaire n'était pas celui provenant de la
« bibliothèque Mazarine, qu'il aurait pu se procurer dans le
« commerce. M. Libri se présenta à moi, ayant ce petit ou-
« vrage enveloppé sous le bras. Il me dit tout d'abord : « Est-
« ce un procès que vous comptez me faire ? Dans ce cas, je
« me refuse à toute explication. » Lui ayant fait connaître que
« nos seules intentions étaient de vérifier si l'ouvrage por-
« tait quelque signe qui pût le faire reconnaître comme étant
« notre propriété, il le mit à ma disposition. Toutes nos re-
« cherches et l'examen le plus attentif ne purent rien nous
« faire découvrir de semblable. Nous en fîmes l'aveu à
« M. Libri, qui dit : « Eh bien, maintenant je me fais un
« vrai plaisir de l'offrir à la bibliothèque Mazarine pour
« remplacer celui qu'elle a perdu... « En effet, il nous
« remit ce petit volume, qui se trouve maintenant très-ri-

« chement relié, et le lendemain, sur *sa demande*, nous fîmes
« insérer dans les *Débats* un petit article énonçant le don
« qu'il venait de faire à la bibliothèque. Il est vrai qu'à cette
« époque le bruit se répandit que ce n'était de sa part qu'une
« *restitution*. Cependant nous n'avions aucune preuve qu'il
« en fût ainsi. »[1]

La preuve n'était pas facile à obtenir : d'un côté l'exemplaire offert à la bibliothèque avait été soigneusement lavé,
rogné, magnifiquement relié ; de l'autre, depuis la découverte faite en 1846, le reste du recueil contenant l'*Æsopus*
et le *Phalaris* avait également disparu, ce qui enlevait aux
conservateurs le moyen le plus sûr de contrôle et de vérification.

D'où pouvait venir cependant le bruit d'une restitution ?
En 1840 et surtout en 1845 et 1846, Libri visita fréquemment la bibliothèque Mazarine. « On lui donnait, dit le témoin Maslon, gardien de cet établissement, une petite table
particulière pour se mettre à part, afin de n'être pas dérangé
par le public. » Cette table était placée près des rayons contenant la série des nᵒˢ 10, 500 à 11,500, et conséquemment
dans le voisinage du recueil 11,095, dont faisait partie la
Galeomyomachia. Libri a souvent compulsé ce recueil, même
depuis que la *Galeomyomachia* a disparu, et il a gardé le silence sur une perte qui, si elle ne lui était pas imputable,
devait le surprendre et l'affliger.

Cette perte devenait, en effet, un sujet de deuil pour le
monde savant. On sait les regrets de M. Renouard, en 1834,
lorsque ce *monument typographique* avait été momentanément
égaré, sa joie quand on l'avait retrouvé. C'était, suivant lui,
le seul connu en France ; suivant M. Brunet, le *seul
complet*.

Un exemplaire complet se trouve dans les mains de Libri.
Nul n'avait eu les mêmes facilités que lui pour prendre sur
les rayons et consulter, affranchi de toute surveillance, la
Galeomyomachia, cachée dans un recueil et conservée avec
d'autant plus de sollicitude que sa disparition momentanée
avait causé de plus vives anxiétés. D'où lui vient cet ouvrage ?
Son acquisition jusqu'à ce jour est demeurée un mystère.
Et pourtant quand un bibliophile a le bonheur de mettre la
main sur un tel trésor, il lui est difficile de n'en rien dire.
L'occasion d'en parler n'a pas manqué à Libri, d'abord devant les conservateurs de la Mazarine, dont il a dû comprendre la réserve et dont un seul mot pouvait dissiper les dou-
tes ; puis dans le *Journal des Débats*, où il ne cherchait pas
seulement une satisfaction d'amour-propre ; il voulait réduire
au silence des bruits au moins importuns. D'ailleurs l'origine

de ce magnifique exemplaire n'aurait pas moins vivement intéressé les savants que le don qui en était fait à la bibliothèque.

Libri n'a pas cru de sa dignité de descendre à une justification. Soit. Mais plus tard cette justification est devenue une nécessité, et il l'a compris. Il se défend enfin, et que dit-il? Il invoque un passage des *Annales de l'imprimerie des Aldes*, où M. Renouard déplore la perte de la *Galeomyomachia*, en 1834, à une époque où lui, Libri, n'avait pas encore mis le pied à la bibliothèque Mazarine. Il n'a garde de mentionner la note rectificative imprimée à la fin de cet ouvrage. (V. *Réponse à M. Boucly*, p. 27.) Quel était son but? Pourquoi chercher à faire croire que la *Galeomyomachia* était perdue dès 1834, quand il l'avait eue entre les mains en 1845? Est-ce bien là la défense d'un homme qui se sent irréprochable? Il y en aurait une qui serait si simple! Tous les soupçons tomberaient, en effet, devant la preuve d'une acquisition légitime. Libri a paru comprendre que son silence avait la force d'un aveu. Dans sa *Lettre à M. de Falloux*, il s'exprime ainsi, p. 311 : « Je « ne citerais pas ici d'une manière spéciale la *Galeomyoma-* « *chia*, dont j'ai fait présent à la bibliothèque Mazarine, si « je n'avais entre les mains des documents authentiques « qui prouvent que je possédais en Italie, avant 1830, ce vo- « lume si rare. » Mais ces documents authentiques dont, pour la première fois, on parle un peu tard, ne sont pas produits. Comment ne les trouve-t-on pas au milieu de tant d'autres qui sont loin d'avoir la même importance? Les faits relevés par l'instruction exigent toute autre chose qu'une allégation, ils veulent une preuve. Le document annoncé serait, dit-on, un *journal scientifique italien*. (Lettre de M. P. Lacroix, en date du 24 juin 1849.) Ce journal, quel est-il? Pas un mot du passage invoqué; rien sur le numéro qui renferme cette preuve décisive, rien qui permette une vérification. Il y a mieux, cette lettre du 24 juin a été, depuis, imprimée ; et aux mots *journal scientifique italien*, on a substitué l'expression plus vague *un document*. *Journal* ou *document* quelconque, cette preuve est toujours attendue. Enfin dans un mémoire produit devant la chambre des mises en accusation, et qui sera ultérieurement apprécié, Libri reproduit la même assertion : « J'avais, dit-il, le livre en Ita- « lie avant 1830; la preuve doit s'en trouver dans mes pa- « piers; elle est, en tous cas, dans mes mains. Plusieurs « personnes m'ont vu cet ouvrage avant que je vinsse en « France. » L'examen de ses papiers n'a rien révélé à cet égard. S'il possédait la *Galeomyomachia* depuis si longues années, comment cette possession a-t-elle été si longtemps, *en France*, ignorée du monde savant? Comment lui, Libri, si jaloux de relever par tous les moyens la valeur de ses livres rares, a-t-il conservé celui-ci pendant seize ans avant de le confier à Bauzonnet? Comment l'époque de la reliure est-elle si voisine de celle où la Mazarine perd sa *Galeomyomachia*? Et cette preuve annoncée, quelle est-elle? Qu'on la soumette au contrôle de la justice.

Un *Orlando furioso* était signalé en ces termes par le catalogue de Libri : « Ce magnifique exemplaire, absolument « neuf, dont les marges n'ont pas même été ébarbées, de « cette édition rarissime... » Il a été adjugé à la bibliothèque nationale pour 1,480 fr. Les marges, au premier aspect, semblaient, en effet, être demeurées intactes; mais cette précieuse qualité n'était qu'apparente : un *témoin*, laissé par mégarde, révélait la largeur primitive des marges anciennement rognées et la supercherie à laquelle on avait eu recours. Cet exemplaire, rendu méconnaissable, portait sur la première page la trace d'une estampille grattée. Des recherches ont été faites dans plusieurs bibliothèques de Paris ; on n'a trouvé cette édition précieuse que sur le catalogue de la Mazarine; mais elle avait disparu de la Bibliothèque. L'une des estampilles de cet établissement s'adapte exactement aux traces laissées sur le volume.

On a saisi au domicile de l'accusé quelques feuillets d'un ouvrage intitulé *Pamphyli Epigrammatum libri quatuor*. Le titre porte l'empreinte d'une estampille dont le grattage, tenté par une main sans doute inhabile, a percé la feuille et fait trou. Le bord circulaire est seul resté intact; il offre des dimensions parfaitement égales à celles d'une des estampilles de la Mazarine. Or, d'une part, l'édition sans date du *Pamphylus* ne se retrouve plus dans cet établissement, où elle avait le nº 10,600; de l'autre, le témoin Maslon, gardien de la bibliothèque, a reconnu les feuillets à un signe certain. Avant la tentative de grattage faite sur l'estampille, il avait lui-même raccommodé le titre avec des rognures de journaux, et il a montré plusieurs volumes qui avaient subi la même opération.

Ce témoin dépose, en outre, qu'étant un jour employé à battre les livres de l'accusé, il reconnut dans sa bibliothèque un *Pétrarque* in-folio, appartenant à la Mazarine. Sur l'observation qu'il en fit, Libri lui répondit : « Vous vous trom- « pez. Vous retrouverez votre Pétrarque à sa place; car ce- « lui-ci provient d'une ancienne vente faite par la Mazarine, « sous la Constituante. » Dès le lendemain, Maslon n'était plus occupé à battre les livres. « Mais, continue le témoin, j'avais parfaitement « reconnu mon Pétrarque pour l'avoir

2

« souvent touché et y avoir moi-même apposé notre nou-
« velle estampille rouge, partie sur la marge et partie sur les
« caractères, de manière que, pour l'enlever, il fallait faire
« disparaître les lettres imprimées. Le volume portait égale-
« ment notre ancienne estampille noire. Je m'assurai, de
« plus, qu'il ne se trouvait à la Mazarine que notre second
« Pétrarque, destiné au public et que l'autre avait disparu... »
Il manque, en effet, à la Mazarine un Pétrarque *Gli triomphi,*
Bologne, 1475, in-folio, et le même ouvrage figure dans le
catalogue Libri. La prétendue vente alléguée par l'accusé n'a
jamais eu lieu, ni sous la Constituante, ni dans un autre
temps.

La plupart des ouvrages dont il vient d'être parlé sont italiens, fort rares ; ils étaient déposés dans des galeries inter-
dites au public, mais fréquemment et librement visitées par
Libri ; à peine étaient-ils, de loin en loin, consultés par des
personnes accompagnées ; quelques-uns même étaient in-
connus des bibliographes. Ils disparaissent de la bibliothèque ; on les retrouve en la possession de Libri. Ceux qui
tombent entre les mains de la justice (elle ne les choisit pas)
portent des estampilles, des numéros d'ordre ; ils viennent
de la Mazarine. C'est précisément dans les rayons auprès
desquels était sa table et dans la galerie qu'il a le plus soigneusement explorée qu'existent en grande partie les regrettables lacunes signalées par l'expertise et l'instruction.
Le hasard seul expliquerait difficilement une si étrange coïncidence ; mais ce qu'il n'expliquera jamais, ce sont les altérations qu'on avait fait subir à certains volumes pour en déguiser la provenance, et pour d'autres, tels que l'*Epigrammatum Pamphyli,* l'*Homerus de bello Trojano,* ces indications
accusatrices, qui sont des signes certains de leur origine.

Libri a produit un mémoire devant la chambre des mises
en accusation. Il essaye de justifier la possession des ouvrages dont on lui reproche le détournement ; il en aurait trouvé
dans des volumes, dans des recueils ; il en aurait acheté
dans les ventes publiques de la salle Sylvestre, sur le
quai, à des libraires étrangers, à des personnes mortes ou
dont on a perdu la trace. Quand ? Presque jamais il ne donne
la date de son acquisition. Pour un bon nombre, même pour
des ouvrages très-précieux, il n'a que des souvenirs vagues ;
pour quelques-uns il déclare ne conserver aucun souvenir, et cela quand il s'agit notamment d'un opuscule arraché d'un recueil, d'un autre, trouvé à son domicile, gâté
par le lavage et portant la trace d'une estampille.

J'ai possédé, dit-il, plusieurs éditions des mêmes ouvrages.
Quelles sont celles dont on me demande compte ? Je l'ignore.

Comment alors donner des éclaircissements? D'abord, cette difficulté tient à la position qu'il s'est faite en ne répondant pas à l'appel de la justice. Ensuite, elle multiplie les explications, elle ne les rend pas impossibles. Enfin, Libri sait que les ouvrages dont il s'agit proviennent de la Mazarine, où il les a souvent consultés, et les traces d'estampilles qu'on y voit encore devaient, du moins, diriger ses souvenirs.

N'a-t-on pas lieu de s'étonner que ces livres précieux, sortis d'un dépôt public, passent par diverses mains pour se réunir dans les siennes? Et, par exemple, un recueil de vingt-trois pièces disparaît. Il faut dépayser ces pièces, conséquemment les séparer, les déguiser, les relier en autant de volumes. L'auteur du vol n'y manque pas, et les vingt-trois pièces se retrouvent disséminées dans les catalogues de Libri. Ce n'est pas tout, celui qui détourne un ouvrage d'une bibliothèque n'oublie pas, avant de le céder, d'en effacer, autant qu'il est possible, les empreintes qui le trahiraient; ce soin ne revient pas à l'acquéreur de bonne foi; or c'est l'accusé qui fait restaurer les ouvrages et les rend méconnaissables.

Il y a tels achats allégués par Libri qu'on peut, dès à présent, déclarer impossibles. Un des vendeurs qu'il cite le plus souvent est un Italien qui a quitté Paris pour se rendre à Milan, à une époque où plusieurs des ouvrages soustraits de la Mazarine, notamment un très-précieux, qu'il aurait vendu à l'accusé, étaient encore dans cet établissement. C'était un homme estimé, presque octogénaire, vivant modestement dans un hôtel garni, hors d'état d'acquérir des livres de grand prix, puisqu'il ne pouvait pas même subvenir à ses besoins.

Pour un bien petit nombre d'ouvrages, les indications de Libri sont plus précises, et l'on aimerait à entrevoir la possibilité d'une justification ; mais les preuves ne sont pas produites et l'affirmation d'un accusé absent ne saurait pourtant en tenir lieu.

Quelques ouvrages qui semblaient appartenir à la bibliothèque de l'Arsenal figuraient sur le catalogue de Libri ; mais cet établissement a fait des ventes considérables en 1817 et en 1818 : la possession de l'accusé pouvait donc être légitime et rien ne prouve le contraire.

Les investigations ne se sont pas étendues à la Bibliothèque nationale. Il y aurait eu nécessairement, à raison du mouvement des imprimés, confusion dans les recherches, inexactitude dans les résultats.

Quant aux bibliothèques de la *Sorbonne*, de la *Ville*, de *Sainte-Geneviève*, de l'*Intérieur*, de l'*Institut*, l'expertise n'y a rien constaté.

En dehors des ouvrages ci-dessus mentionnés, on a trouvé

dans la bibliothèque de Libri des volumes qui appartenaient à divers établissements ; mais il avait lui-même, assure-t-on, donné l'ordre de les mettre de côté et de les restituer. D'autres ont fixé l'attention des experts comme semblant provenir de dépôts publics, d'où ils ne seraient pas sortis licitement ; tous, à l'exception d'un seul, sont presque sans valeur, et d'ailleurs aucune charge précise ne s'est révélée à cet égard. Cent vingt-six feuillets recueillis dans les papiers de l'accusé avaient été arrachés de divers volumes ; ils portaient soit les timbres de bibliothèques publiques, soit des inscriptions qui en tenaient lieu. On a reconnu que pour une de ces bibliothèques, celle de Lyon, les feuillets s'appliquaient à des doubles sans doute vendus par cet établissement, et les recherches n'ont pas été poussées plus loin. Si l'examen des vingt-cinq ou trente mille volumes laissés en France par l'accusé n'a pas donné plus de résultats, il n'y a pas lieu d'en être surpris : cette bibliothèque avait été épurée par de nombreuses ventes et par l'envoi fait en Angleterre de dix-huit caisses dont l'assurance s'élevait à 25,000 fr.

DÉPARTEMENTS.

Les recherches dans les bibliothèques des départements se sont bornées à sept villes : Troyes, Grenoble, Montpellier, Carpentras, Lyon, Aix et Auxerre.

Dans ces trois dernières villes, les résultats ont été nuls ; il n'en a pas été de même dans les autres. L'instruction y constate la disparition d'ouvrages rares et précieux, et toujours avec les mêmes circonstances. Partout on reconnaît la main d'un visiteur à qui ses relations scientifiques, ses missions officielles assurent une liberté à peu près sans limite.

Troyes.

C'est en 1841 que Libri, chargé d'une mission spéciale, visita pour la première fois la bibliothèque de Troyes. Il y retourna l'année suivante. Les richesses de cette bibliothèque exigent une surveillance attentive et de sages précautions. L'accusé le savait. Aussi écrivait-il au ministre de l'instruction publique :

« .... Cette bibliothèque, qui renferme deux mille
« manuscrits, etc., est d'un *accès très-difficile*. Hœnel ra-
« conte que s'étant rendu à Troyes pour étudier ces impor-
« tants manuscrits, *il fut chassé* par le bibliothécaire......
« Pour vaincre toutes les difficultés, ne pourriez-vous,
« monsieur le ministre, avoir la bonté de me charger offi-

« ciellement d'un travail sur les manuscrits de la biblio-
« thèque de Troyes, d'en dresser, par exemple, un catalo-
« gue, et de faire un rapport sur ces manuscrits, en me
« donnant une lettre pour le préfet, afin qu'il facilitât mes
« recherches ? »

Cette lettre ministérielle lui fut accordée. Il vit s'aplanir
ainsi les *difficultés* qui l'inquiétaient et disparaître toute surveillance.

Les soustractions sont bien difficiles, disent les employés,
*car personne n'a la permission de prendre un seul livre sans
le demander, et il n'y a, dans les rayons du bas, à portée des
visiteurs, que des in-folio.* Mais ni la règle, ni l'obstacle
n'existent pour Libri. Après s'être fait remettre le catalogue
qui lui indique les livres et la place qu'ils occupent, il monte
aux échelles jusqu'aux derniers rayons, où se trouvent les
plus précieux et d'un mince format. Il prend les livres sur
les rayons, privilège dont nul autre n'a joui, au dire des témoins. Il reste souvent seul dans les salles de la bibliothèque.
Enfin on met à sa disposition trois mille manuscrits qui n'é-
taient pas encore catalogués. Ici les soustractions ne pouvaient
laisser de traces.

L'expertise, quoiqu'elle n'ait porté que sur les livres italiens, a constaté la disparition de dix-neuf ouvrages imprimés. Il faut en ajouter quatre qui existaient encore en 1840,
notamment le livre de *Matheolus,* et qui ont été signalés par
le bibliothécaire. « Les ouvrages qui ont disparu, dit ce té-
« moin , étaient tous placés sur des rayons très-élevés, et la
« plupart d'un petit format et faciles à cacher... »

Ces ouvrages, d'une extrême rareté, se retrouvent pour une
bonne partie au catalogue de l'accusé. Ce sont : 1° *Capitoli
di P. Aretino,* « 1re *édition d'un recueil très-rare,* » dit le catalogue de Libri ; 2° *Cancionero de romances,* « exemplaire
parfaitement conservé de ce *recueil rare ;* » 3° *Il Pecorone di
ser Giovanni Fiorentino,* « volume *presque* INTROUVABLE » (ce
sont toujours les désignations du catalogue Libri) ; 4° *L'illustre e famosa historia di Lancilloto del Lago,* « *roman très-
rare ;* » 5° *Homeri Ilias, in versus vulgares translata,* « 1re édition, *rare et très-recherchée ;* » 6° *Canzoni, overo mascherate
carnascialesche,* « charmant exemplaire d'un recueil *rare ;*
7° *Historia dei due nobilissimi e valorosi cavallieri Valentino
et Orsone,* « *roman rare ;* » 8° *Venturino Pisauro,* « édition
belle et *rare ;* » 9° La *Obsidione di Padua;* 10° La *Historia
de tutte quante le guerre,* etc. ; 11° *Libro di Galvano,* « SEUL
EXEMPLAIRE CONNU, » porte le catalogue ; 12° *Ludovicus sfortunatus artibus studens,* ou *Rime di Ludovico sfortunato* (deux
titres qui s'appliquent au même ouvrage), « opuscule rare. »

Ces quatre dernières pièces formaient le recueil n° 1151 de la bibliothèque de Troyes; on les rencontre toutes, mais séparées, dans le catalogue de l'accusé. Plusieurs de ces volumes ont été vendus 300 et 400 fr.

Quatre ont été saisis; on n'y voit aucune estampille; mais un grand nombre de livres de la bibliothèque de Troyes ne sont point encore estampillés, ou ne l'ont été que récemment. Un *Matheolus* a été trouvé au domicile de Libri, en feuilles lavées et attendant la reliure. Cette bibliothèque a perdu un ouvrage plus précieux que tous les autres, c'est le *Recueil des histoires de Troyes*. En 1845, Libri vendait le même ouvrage 200 livres sterling (5,000 fr.) à son ami Panizzi, pour le *British museum*. « Comme il n'y a pas de ré- « clamations au sujet de ce livre, dit-il dans sa réponse, « p. 97, je n'ai pas besoin de dire où je l'ai acheté. » Dans son mémoire soumis à la chambre des mises en accusation, il ajoute qu'il a eu deux recueils des histoires de Troyes, en français, l'un acheté chez M. Sotheby, à Londres; l'autre, chez un vieux libraire qui demeurait place du Louvre, près du Carrousel. Il termine ainsi : « Je ne pourrai rien préci- « ser tant que je ne saurai pas mieux quel est le livre dont « il s'agit. » De bonne foi, le doute lui est-il permis? Une telle réponse ne paraît-elle pas justement suspecte? Si la précision est nécessaire, c'est quand il s'agit d'un ouvrage vendu 5,000 fr.

A l'égard des autres, on retrouva dans ses explications le même vague, la même incertitude de souvenirs que pour les ouvrages de la Mazarine. Ils ont été achetés en Allemagne, en Italie, sur le quai, chez un bouquiniste, à la salle Sylvestre, etc. Un de ces ouvrages, le *Libro di Galvano*, SEUL *exemplaire connu*, suivant Libri, appelait une explication formelle, précise. Il *croit* le tenir de ce vieillard italien dont on a déjà parlé. Il *croit!* quand il s'agit d'un livre unique. Et ce vieillard lui aurait cédé des ouvrages (dont quelques-uns ont été restaurés par les soins de l'accusé, et ont subi d'étranges altérations) provenant, ceux-ci de la bibliothèque Maz rine, ceux-là de la bibliothèque de Troyes, cet autre de la bibliothèque de Montpellier, où certes il n'aurait pas rencontré les mêmes facilités, la même liberté d'action que Libri, où il n'a jamais pénétré, suivant toute vraisemblance!

Aujourd'hui, comme avant la production du mémoire de l'accusé, on est fondé à se demander comment tant de raretés bibliographiques disparaissent de la bibliothèque de Troyes, où elles sont conservées avec un soin jaloux, pour se retrouver dans le catalogue de Libri. Dans la réunion de tous ces faits qui semblent désigner clairement l'auteur de la soustraction, il est bien impossible de ne voir qu'une coïncidence fortuite, des apparences malheureuses. Fussent-ils isolés, ces faits, ils seraient déjà fort graves ; ils empruntent une force nouvelle aux autres charges de l'instruction qui présentent les mêmes circonstances, les mêmes moyens, les mêmes résultats.

Grenoble.

Chargé d'une mission spéciale par le ministre de l'instruction publique, Libri visita la bibliothèque de Grenoble au mois d'octobre 1842, pendant les vacances de cet établissement. Là, comme à Troyes, comme dans les autres bibliothèques, il travailla seul et sans surveillance. Bien qu'il eût manifesté l'intention de s'occuper exclusivement des manuscrits, spécialement de ceux de la grande Chartreuse, on l'aperçut dans la galerie supérieure, feuilletant les livres italiens. Après cinq jours de travail, il donna aux garçons, dont il avait refusé les offres de service, une gratification de 35 fr.

Six ouvrages qui ont disparu de cette bibliothèque figurent au catalogue de la bibliothèque de Libri. Ce sont : 1° *Le Dictionnaire du patois du Bas-Limousin ;* 2° *Ant. Cornazani opus... de proverbiorum origine ;* 3° *el Sanguinolento et incendioso assedio del gran Turcho, et Stramboti... da Sasso Modonese* (deux pièces faisant partie du recueil n° 7,013) ; 4° *libro Chiamato Buovo d'Antona ;* 5° *Alcibiade fanciullo a Scola ;* 6° *opera Joconda.*

Ces ouvrages, d'après le catalogue de Libri, sont fort rares ; le *libro Chiamato...* a été vendu 180 fr. ; l'*Alcibiade...* 257 fr. ; l'*opera Joconda,* 1,750 fr. « Voici enfin, disait le catalogue à l'occasion de ce dernier ouvrage, un exemplaire complet de ce *livre rarissime !* » Libri en avait fait changer le titre, et il n'est pas inutile de rappeler ici la lettre que lui écrivait l'habile restaurateur de livres qui avait été chargé de ce soin : « Je vous apporterai aussi *opera Joconda.* Quoi-« que ce changement de titre, le livre étant relié, fût une « opération délicate, vous avez eu raison de demander ce « changement. Le livre y gagnera, car j'ai trouvé positivement « du même papier, et quand la restauration sera faite, « comme j'espère qu'elle sera selon votre goût et selon vo-« tre désir, je défie que l'on doute que cette feuille ne soit « pas le titre véritable. » Ce livre *rarissime,* dont le titre est changé, d'où vient-il ? « Je l'avais en Italie, » répond Libri dans son mémoire ; « je le possédais avant de venir en France. »

D'abord, cette longue possession se concilie assez mal avec les expressions du catalogue : Voici *enfin* un exemplaire complet de ce livre rarissime ! ce qui laisserait bien plutôt supposer une récente découverte. Puis on allègue vaguement des documents qu'on ne produit pas. Ce n'est pas ainsi que les charges de l'accusation peuvent être détruites.

La pièce *Stramboti...*, faisant partie du recueil n° 7013, a été retrouvée en la possession de Libri, qui l'avait fait racheter à sa vente. Les experts, dans leur rapport rédigé à Grenoble, avaient annoncé que les pièces détachées de ce recueil pourraient fort bien ne porter aucune empreinte, la première pièce des recueils étant ordinairement la seule estampillée. Il n'y a pas, en effet, d'estampille sur la pièce saisie. Quant à cet opuscule, l'accusé ne se souvient ni de l'époque ni du lieu de l'achat.

Pour les autres, rien de précis ; il en aurait fait venir d'Italie, il en aurait trouvé dans des recueils, il en aurait acheté dans les ventes Sylvestre. En un mot, ses indications présentent ici, comme ailleurs, les caractères d'insuffisance, d'indécision, d'invraisemblance que l'on a déjà signalés.

Le catalogue de la bibliothèque de Grenoble a été rédigé en 1839 sur les ouvrages mêmes : les soustractions ont donc été commises postérieurement à cette époque.

Montpellier.

La bibliothèque de l'école de médecine de Montpellier paraît tenue avec un ordre parfait. Les ouvrages y sont soigneusement catalogués, étiquetés et divisés en sections ; chaque volume porte au dos, avec son numéro d'ordre, la lettre de la section à laquelle il appartient. Ces précautions rendent les soustractions plus difficiles. Pour dissimuler un détournement que le vide laissé dans les rayons aurait pu révéler, on a eu recours à un audacieux stratagème : des volumes précieux ont été remplacés par des volumes sans valeur. Serait-ce dans la prévision d'une découverte de cette nature que l'accusé écrivait : « Il s'est passé des faits plus « curieux encore : des livres anciens, des éditions précieu- « ses et de grand prix ont été enlevés, et l'on a mis à la place « d'autres éditions plus modernes et sans valeur des mêmes « ouvrages... ? » (*Lettre à M. de Falloux*, p. 70.) On en pourra juger tout à l'heure.

Libri a visité la bibliothèque de Montpellier à diverses reprises, notamment en 1841 et 1842. On la lui ouvrait le matin ; on l'y enfermait seul ; il y prenait un repas, et n'en sortait que le soir.

Trois étiquettes cotées $\frac{J,}{n.\,188}, \frac{J,}{n.\,217}, \frac{J,}{n.\,221}$, et paraissant avoir été détachées de divers ouvrages, avaient été trouvées au domicile de Libri. Aussitôt qu'elles furent présentées aux employés de la bibliothèque, ils les reconnurent sans hésiter, ce qui était facile, car elles sont entourées de filets gravés, et le numéro du volume est écrit à la main. D'après le catalogue, elles s'appliquent à trois ouvrages : 1° *Machiavel dell' arte della guerra;* 2° *Sallustii Conjuratio Catilinæ;* 3° *Catullus.* Ces deux derniers ouvrages étaient à leur place sur les rayons, et le *Machiavel* à une place qui n'était pas la sienne. Mais ces volumes étaient en mauvais état ; et il suffit d'y jeter les yeux pour se convaincre qu'ils étaient étrangers à la bibliothèque, qu'on les avait mis là pour dissimuler une soustraction. Le bibliothécaire qui, en entendant parler d'étiquettes saisies, avait déclaré que si parmi elles se trouvait l'étiquette n. J, 188, c'était évidemment celle du *Machiavel*, ajouta que le volume soustrait contenait plusieurs opuscules avec le traité *Dell' arte della guerra.* Or, ces opuscules ne se retrouvaient pas dans le volume substitué : la fraude devenait évidente.

Dans le carnet de voyage de Libri, parmi les notes qu'il a prises à Montpellier en 1841, on lit, écrit de sa main : « J. n. 188, *Machiavelli arte della guerra*, Alde 1540. » On n'a point oublié que l'étiquette du véritable exemplaire était n. J, 188, et qu'il est inscrit au catalogue sous cette désignation.

Le *Catullus* avait été saisi chez l'accusé. Lorsqu'on le présenta au bibliothécaire de Montpellier et à l'un de ses employés, ils firent tous les deux la remarque que la reliure n'était pas celle de l'exemplaire soustrait; ils signalèrent en même temps le changement des gardes primitives, et, au bas du frontispice, les traces d'une estampille grattée, dont la forme paraissait être celle du cachet de la bibliothèque. C'était bien le même format : on y voyait des annotations manuscrites de la même écriture que celles qui se trouvaient sur d'autres ouvrages de cet établissement ; mais le titre annonçait une édition de Plaisance, et la bibliothèque avait perdu une édition de Venise. Tout s'est expliqué, et l'on a découvert une supercherie de plus. Les hommes de l'art ont constaté que l'exemplaire saisi n'avait plus sa reliure primitive, bien que Libri, dans son catalogue, eût affirmé le contraire. La reliure actuelle a appartenu à un autre livre. Trop étroite pour le volume qu'elle recouvre aujourd'hui, elle a exigé un habile remaniement. C'est, suivant l'expression des experts, *un emboîtage* dont le dos a été *retravaillé ;* ce qui résulte de l'altération qu'a soufferte le corps du volume, du défaut d'harmonie entre les filets, les fleurons du dos, les écussons et les ornements des plats; enfin, de cette circon-

stance, que les ficelles du dos sont restées détachées de la cou-
verture.

Les constatations ne se sont pas arrêtées là : pour dissimuler les traces du grattage dont il a été parlé, on avait
mis à la place de l'estampille ces mots, qui déroutaient les
recherches et les souvenirs du bibliothécaire de Montpellier :
BIBLIOTHECÆ S. 10. IN CASALIBVS PLACENTIÆ. Manuscrits ou
appliqués avec de l'ancienne fonte, ces caractères jouent
l'impression. Mais la fraude ne pense pas à tout : tandis
que le titre falsifié annonçait une édition de Plaisance, la
dernière page révélait une édition de Venise. On y voyait,
en effet, que cet ouvrage avait été imprimé à Venise en
1515, chez les Aldes, comme le volume de Montpellier.

De tels faits ne se discutent pas, ils s'exposent.

L'accusé, dans son mémoire, soutient que le Catulle lui
a été cédé par ce même Italien qui lui aurait vendu des ouvrages appartenant à la Mazarine et à la bibliothèque de
Troyes ; il déclare, en outre, qu'il donnera des éclaircissements sur le *Machiavel* et le *Salluste*, quand il saura de
quelle édition il s'agit.

La découverte dans les papiers de Libri des trois étiquettes provenant de la bibliothèque de Montpellier, et, en
même temps, de cette note écrite de sa main : « J. n. 188,
Machiavelli arte della guerra, Alde, 1540, » ne permet pas
de s'arrêter à de semblables explications.

Carpentras.

Avant 1840, la bibliothèque de Carpentras ne possédait
qu'un catalogue ancien, incomplet, exclusivement consacré
aux imprimés, ne mentionnant ni les doubles, ni les ouvrages acquis depuis cinquante ans. La surveillance en était
confiée à un homme fort âgé, et cette surveillance était à
peu près nulle.

Libri a fréquemment visité la bibliothèque de Carpentras,
ce que prouvent, du reste, sa correspondance, ses carnets de
voyage, en cela d'accord avec les dépositions des témoins.
Il s'y enfermait des journées entières, y prenait quelquefois
ses repas ; on lui laissait enfin une liberté absolue.

En 1842, le bibliothécaire donna sa démission, et une
commission spéciale fut chargée par le conseil municipal de
dresser inventaire des livres, médailles, tableaux et autres
objets précieux de la bibliothèque et du musée.

La commission constata la disparition d'un manuscrit du
Dante, la *Divina comœdia*. On ne put obtenir aucun renseignement du bibliothécaire ; mais le concierge, dont la mémoire était plus sûre, déclara que le manuscrit avait été

confié à Libri ; qu'après son départ, et en remettant en ordre les ouvrages par lui consultés, on s'était aperçu de l'absence de la *Divina comœdia*. Ses assertions n'allaient pas plus loin ; il rappelait une coïncidence dont il avait été assez vivement frappé pour n'en pas perdre le souvenir. Les soupçons venaient atteindre un homme que sa haute position semblait défendre contre une imputation isolée. Dans son procès-verbal, la commission consigna le fait ; mais au nom de Libri, elle substitua cette désignation : *Un visiteur étranger*. Comme il s'agit ici d'un manuscrit, ce fait devra trouver ailleurs sa place et sa qualification.

Dès 1847, on avait signalé deux ouvrages comme ayant été soustraits à la bibliothèque de Carpentras : c'étaient *Il libro del Cortegiano* et *Theocriti et Hesiodi opera*.

Deux exemplaires de ces ouvrages avaient été achetés à la vente Libri, l'un 519 fr. par le libraire Tilliard, l'autre 635 fr. par le libraire Payne, de Londres.

Les ouvrages vendus étaient-ils les ouvrages soustraits ? Tel était l'objet des informations prises en 1847. Pour le *Cortegiano*, Libri l'avait certainement eu entre les mains, car une note de lui le désigne comme portant le n° 368 à la bibliothèque de Carpentras. On doit pourtant reconnaître qu'un exemplaire du *Cortegiano* a été retrouvé dans cette bibliothèque. Néanmoins, il était encore possible qu'un double eût été soustrait, et l'instruction avait intérêt à rechercher sur l'exemplaire vendu des traces de son origine. Il fut donc saisi entre les mains de l'acquéreur ; mais cet ouvrage, placé sous triple cachet par le juge d'instruction de Lyon, parvint sur le bureau de l'un des employés du parquet et disparut sans qu'on en ait trouvé trace. Des poursuites criminelles commencées à cet égard sont demeurées sans résultat. L'examen qu'on se proposait a été rendu impossible.

Quant au Théocrite, l'identité n'est ni contestable ni contestée ; l'accusé prétend avoir obtenu cet ouvrage, en 1843, par voie d'échange. D'abord l'échange serait nécessairement illicite : un bibliothécaire n'a pas la libre disposition des objets confiés à sa surveillance. Maintenant, que s'est-il passé ? Le 19 novembre 1841, le maire de Carpentras auto-rise le bibliothécaire « à remettre à M. Libri, à titre de « prêt, tous les livres dont il aurait besoin pendant son sé-« jour en cette ville. » Deux jours après, on lui confie le Théocrite. Dès le lendemain 22, il écrit à MM. Payne et Foss, libraires à Londres, pour leur demander un Théocrite de la même édition. Les faits nous diront ce qu'il se propose. En quittant Carpentras, il emporte l'ouvrage dont il ne devait se servir que pendant son séjour. A Angoulême, il s'en dit propriétaire, et *le Charentais*, dans son numéro du 12 janvier 1842, en parlant des richesses bibliographiques de l'accusé, mentionne *son* magnifique exemplaire, *non rogné*, du Théocrite d'Alde de 1495. L'abbé Laurans, nommé bibliothécaire de Carpentras, en janvier 1843, s'inquiète de l'absence de ce précieux ouvrage et fait d'inutiles réclamations. M. Morel est adressé par lui à l'accusé et rapporte de Paris un Théocrite avec une lettre dans laquelle Libri se borne à dire : « J'ai remis à M. Morel *un ouvrage* « *qui m'avait été prêté* depuis quelque temps. » Or, l'ouvrage *prêté* depuis quelque temps est l'exemplaire venu de Londres, acheté 80 fr. ; on le substitue à celui qui a été vendu, plus tard, 635 fr. par Libri. A cette valeur de 80 fr., l'accusé ajoute ensuite une valeur à peine égale, en envoyant trente-trois volumes estimés de 60 à 80 fr. et dont, pour la plupart, les auteurs lui avaient fait hommage. Ce qui ne l'empêche pas de dire : « Le fait est que tout cela me coûta « fort cher. » (*Réponse au rapport*, p. 60.) La substitution fut *subie* par M. Laurans, disent les témoins. Si cet acte échappe à la loi pénale, ne demeure-t-il pas constant que, par un indigne abus, Libri a spolié la bibliothèque de Carpentras, loin de l'avoir enrichie par sa munificence ?

AUTOGRAPHES.

Depuis douze ans environ la spéculation s'exerce sur les autographes : c'est de Libri qu'elle a reçu sa plus forte impulsion. Ce genre de commerce s'est fait avec peu de scrupule : la nature même des précieux autographes mis en vente révélait suffisamment leur origine ; mais le nombre de ces documents ne laissa bientôt plus de doute, ils provenaient évidemment des dépôts publics. La pièce portait-elle une estampille, un numéro d'ordre, une indication quelconque, on les faisait disparaître par le grattage, l'emploi des acides, ou l'on rognait l'autographe pour enlever un chiffre, etc. Il faut reconnaître que ce genre de fraude n'était pas toujours nécessaire, car trop souvent ces documents n'étaient ni estampillés ni inventoriés. Conséquemment, la possession seule d'autographes appartenant à des dépôts publics permettait bien de suspecter la délicatesse du détenteur, mais non de le considérer comme l'auteur même du détournement.

Cependant, si le détenteur met en vente des masses d'autographes évidemment enlevés des collections publiques ; si la vente est faite par un homme à qui ces collections ont été livrées sans contrôle ; s'il n'existe aucune proportion entre ses ventes et ses achats, la possession présente déjà un tout autre caractère et la justice éprouve le besoin d'en rechercher la source. Qu'est-ce donc quand elle découvre que le vendeur, dont le nom demeure caché, altère des dates pour ne pas éveiller l'attention des dépositaires et pour éloigner tout soupçon d'identité ; qu'il fait disparaître de son catalogue, dans le même but, les noms de personnages célèbres à qui les lettres autographes étaient adressées, alors même que ces noms devaient être un attrait de plus pour les amateurs? Puis, lorsque, pour justifier la possession d'autographes *des* frères Sainte-Marthe et *de* Gassendi, il recourt à de misérables équivoques, prétendant les avoir acquis dans des circonstances qu'il rappelle, tandis qu'il n'a réellement acheté que des lettres écrites *aux* frères Sainte-Marthe et *à* Gassendi, et non *par* Gassendi et *les* frères Sainte-Marthe, sa défense ne l'accuse-t-elle pas elle-même?

Enfin, si l'instruction le trouve possesseur d'une pièce coupée dans un recueil public, portant encore les traces d'un enlèvement frauduleux, s'adaptant de tous points à la souche d'où elle a été détachée, il semble qu'il n'y ait plus de place pour le doute, et qu'une telle réunion de circonstances doive entraîner la conviction.

Il convient de faire connaître les résultats obtenus à cet égard.

Bibliothèque de l'Observatoire.

La bibliothèque de l'Observatoire, destinée seulement aux membres et aux employés du Bureau des longitudes, n'est pas ouverte au public; mais elle le fut à Libri, qui put non-seulement y consulter avec une entière liberté, mais encore emporter chez lui divers manuscrits tels que la correspondance d'*Hévélius*, celle de *Cassini*, et les *Lettres des Missionnaires*.

De la correspondance d'Hévélius formant 16 volumes, dont 12 paginés, ont été soustraites 445 pièces. On a retrouvé chez Libri, 40 pièces ayant fait partie des volumes paginés, 43 des volumes non paginés, et dans ses ventes, 7 pièces détachées de ces derniers volumes, 47 manquant aux autres. Enfin, 4 pièces sans date et provenant de cette collection ont été découvertes dans ses papiers. Presque toutes portent des numéros et des cotes. 2 volumes entiers de cette collection figurent dans la vente Ashburnham. Une note au crayon, de la main de Libri, et retrouvée dans ses papiers, mentionne plusieurs pièces de la correspondance d'Hévélius sur lesquelles elle a nécessairement été prise; or, ces pièces ont disparu. Libri, a-t-on dit, avait obtenu l'autorisation d'emporter chez

lui la correspondance d'Hévélius. Dans les volumes soumis
à l'examen des experts, on a reconnu que, pour dissimuler
les soustractions, les onglets des pièces arrachées ont été, en
plus d'un endroit, recollés aux feuillets voisins et plusieurs
pièces ont été déplacées. On rendait plus difficile par ce dés-
ordre la constatation des lacunes. Ces supercheries suppo-
sent une grande liberté d'action, l'absence complète de surveillance; elles étaient impraticables à la bibliothèque, sous
les yeux des employés.

La correspondance de *Cassini* a perdu des lettres autographes de *Gassendi* et de *Flamsteed*. Les seules lettres de
Flamsteed, en petit nombre du reste, qui aient paru dans le
commerce, y ont été jetées par Libri. La vente faite à lord
Ashburnham, comprenait 6 volumes in-folio de manuscrits
et d'autographes de Cassini *précieux* et très-*importants*, d'a-
près le catalogue. On ne voit dans les papiers de l'accusé aucune trace des acquisitions qu'il aurait pu faire de ces autographes et manuscrits.

La correspondance des *Missionnaires* est renfermée dans 9
portefeuilles contenant chacun plusieurs liasses. L'expertise
a constaté l'absence de 15 liasses et de 117 pièces dans les
liasses, qui n'ont pas été enlevées. Des lettres de ces missionnaires ont paru dans les ventes faites par l'accusé. Ce sont
des mémoires pour l'histoire, l'astronomie et la chronologie
de la Chine. Il a cédé, en outre, à lord Ashburnham, 2 volumes ainsi désignés : — « Traité des monnaies chinoises;
« Traité de philosophie chinoise (écrit à la Chine, sur papier
« de Chine, par un missionnaire 18ᵉ siècle, 1720). »

Un grand nombre de pièces ont été enlevées de la correspondance de de l'Isle. Sur un catalogue de Libri figure une
lettre à de l'Isle par Newton, datée du 3 avril 1724. Elle a été
vendue 300 fr. Cette lettre, ayant la même date sur l'inventaire, a disparu de l'Observatoire. — On a saisi chez l'accusé
une observation imprimée de Zanotti, relative au passage de
Mercure sur le soleil, en date du 5 mai 1753. La première
page est cotée par de l'Isle 153. B. L'inventaire indique à la
même date de 1753, sous le nᵒ 153. A., une lettre italienne
autographe de Zanotti, envoyant son observation, et sous le
nᵒ 153. B, l'observation imprimée. Or, la lettre que l'Observatoire a perdue a été mise en vente par Libri, et l'observation qu'elle accompagnait se retrouve en sa possession.

Ces divers autographes avaient été prêtés à Libri, qui
avait même la faculté de les consulter à son domicile. Les
détournements se reportent, en outre, à 1835, 1837; ils
échappent dès lors à la loi pénale, mais on devait les rappeler pour donner une juste idée de la moralité de Libri et

pour jeter plus de lumière sur les faits de même nature que lui reproche l'accusation.

INSTITUT DE FRANCE.

L'Institut possède à la fois une *bibliothèque* et des *archives*. Ces deux dépôts, indépendants l'un de l'autre, ont été visités par l'accusé.

Bibliothèque de l'Institut.

La plus précieuse des collections manuscrites de cette bibliothèque est la collection des Godefroy, famille de savants qui, de 1632 à 1681, ont rempli la charge d'historiographes de France et recueilli à ce titre des documents historiques, des pièces diplomatiques, des correspondances autographes réunis en 549 portefeuilles ou volumes in-folio. Avant 1848, les pièces de ce recueil n'avaient ni numéros, ni cotes, ni estampilles ; l'inventaire en était fort incomplet.

La justice a limité ses investigations à 22 portefeuilles qui ont été plus spécialement consultés par Libri ; ils sont intitulés *Lettres*, divisés par règnes et numérotés de 254 à 275. La plupart des lettres des rois de France ou de personnages illustres qu'ils contenaient ne s'y retrouvent plus aujourd'hui.

Le portefeuille n° 254 mentionne des pièces signées de Charles VII et de Louis XI. Il n'en reste pas une.

Une liasse porte : « *Lettres du règne de Charles VIII en original ; il y en a treize* signées de la main de ce prince. » On en retrouve neuf en totalité et pas une qui soit signée de la main de Charles VIII.

Au dos du tome n° 255, on lit : « *Il y a une lettre originale de Calvin, d'une belle écriture, dans l'article de Henri II; il y a une lettre de François Ier qui recommande Jean Benoisse pour être procureur du roi et de la ville.* » Ces deux pièces ont disparu.

Les volumes suivants n'ont pas été plus respectés ; mais il importe de signaler les lettres qui, soustraites aux collections de l'Institut, se retrouvent dans les ventes de Libri.

Il manque dans le tome n° 265 une *Correspondance tout entière de Henri IV avec Marguerite, sa première femme.* Une seule de ces lettres a paru dans le commerce, et c'est dans une des ventes de Libri.

Il manque dans le tome n° 266 des lettres *de l'avocat général Servin à sa femme.* La seule qu'on ait vue dans le commerce a figuré dans une vente de Libri.

Il manque dans le tome n° 267 : 1° des lettres du *maréchal d'Ancre ;* 2° des lettres du *connétable de Luynes ;* 3° des lettres de *Balzac.* On les retrouve, en certain nombre, dans les ventes de Libri.

Il manque dans le n° 273 : 1° des lettres d'*Anne d'Autriche au chancelier Séguier* ; 2° des lettres de *M*^{lle} *de Montpensier au même* ; 3° des lettres d'*Arnauld d'Andilly au même* ; 4° des lettres de *Christine de Suède à Mazarin* ; 5° DEUX lettres de *Chanut, ambassadeur de Suède*. On voit dans les ventes de Libri des lettres de ces divers personnages, notamment DEUX lettres de Chanut.

C'est à partir de 1837 et jusqu'en 1846 que Libri a mis en vente ces lettres et divers opuscules autographes émanés des Godefroy, pièces qui proviennent, sans aucun doute, de la bibliothèque de l'Institut.

Cette bibliothèque possédait, en outre, des lettres adressées aux Godefroy par *Dupuy, Michel de Marillac, Ducange, Gobelin, Pélisson, Bergeron, de Lionne* (le ministre), *Colbert, Mathieu Molé, Achille de Harlay, Peiresc*, les frères *de Sainte-Marthe, Camuzat*, le maréchal *Fabert*, etc. On retrouve ces lettres, au moins en partie, dans les ventes Libri.

Le catalogue des manuscrits vendus à lord Ashburnham porte : Correspondance et manuscrits inédits de Th. Godefroy, savant jurisconsulte et historien français, 2 vol. in-f°, sur papier, 17ᵉ siècle, autographe. »

On a saisi, au domicile de Libri, 53 pièces (environ un demi-volume in-f°), qui, comme celles de la collection, sont annotées quelquefois assez longuement de la main de Théodore, de Denis ou de Jean Godefroy, et, parmi ces pièces, il y a une lettre de Charles VIII. On a vu que toutes les lettres de ce prince avaient disparu.

Les papiers de Libri ne révèlent nullement les acquisitions qu'il aurait pu faire de pièces si précieuses et d'une origine si manifestement suspecte.

Les soustractions ont été faciles dans trois autres recueils, dont les pièces ne sont ni cotées, ni estampillées, ni inventoriées. Ce sont 1° la Correspondance de *Henri* et d'*Adrien de Valois* ; 2° celle de *Guichenon* ; 3° *Lettres originales, écrites à Scévole de Sainte-Marthe*. Or, les experts constatent que Libri est le premier qui ait fait paraître dans ses ventes, depuis 1837, des lettres adressées aux Valois et à Guichenon. On a trouvé chez lui trois lettres écrites aux Valois, par un savant nommé Bigot, dont le nom n'a jusqu'ici figuré sur aucun catalogue de vente, et trois adresses de lettres à Guichenon.

Une note d'une écriture ancienne et jointe au volume des *Lettres à Scévole de Sainte-Marthe*, indique, non pas le nombre des lettres qu'il renferme, mais les noms de ceux qui les ont écrites, par exemple, de *Ronsard*, de *Casaubon*, d'*Étienne Pasquier*, de *N. Rigault*, de *Robert Estienne*, de *Scudéry*, etc.

Ces noms se retrouvent dans les ventes de Libri, et les lettres de ces personnages ont disparu de la bibliothèque. Libri a laissé à son domicile une lettre de *Joseph de la Scala à Scévole de Sainte-Marthe*. Elle provient évidemment du volume de l'Institut, où elle était placée entre deux lettres du même, l'une de 1586, l'autre de 1598. L'intitulé, les dates, les notes mises au dos de cette lettre sont de la même écriture que l'intitulé, les notes et dates des autres pièces. Elle porte des traces d'arrachement, et l'on remarque des vestiges semblables à la place qu'elle occupait. Cette lettre ne pouvait faire partie du recueil acheté par Libri, à la vente Perrin de Sanson ; car les lettres de ce recueil étaient adressées, non à Scévole de Sainte-Marthe, mais bien à ses fils, connus sous le nom de frères Sainte-Marthe.

L'Institut possède 12 volumes de manuscrits de Léonard de Vinci, transportés, en 1797, de la bibliothèque Ambrosienne de Milan à Paris. Ces volumes, ou plutôt ces cahiers, écrits à rebours, comme tous les manuscrits de Léonard de Vinci, et remplis de dessins, sont cotés de *A* à *M* et numérotés par feuillet. Ils sont renfermés dans un meuble dont le bibliothécaire a la clef, et très-rarement communiqués.

Libri les a longuement et minutieusement étudiés ; c'est ce que prouve une note de sa main trouvée à son domicile ; elle est en italien, et quelques mots sont écrits en caractères sténographiques.

Dix volumes sont restés complets ; il n'en est pas de même des deux autres. Le volume *A* a perdu 50 feuillets ; le volume *B*, 16. Tous les deux portent des traces de déchirures. Ces feuillets n'avaient pas encore disparu en 1838 et 1840, époque de la publication du 1er et du 3e volume de l'*Histoire des Sciences mathématiques*, où ils sont cités par Libri.

Deux personnes seulement ont travaillé sur ces manuscrits après l'accusé, toutes deux parfaitement honorables. L'une d'elles s'étant aperçue des lacunes, s'est empressée de les signaler au bibliothécaire, M. Landresse.

En 1845, le catalogue d'une des ventes de Libri annonçait sous le n° 423 : « Vinci (Leonardo), dessin original fait à la « plume, 2 pages in-4°, etc. Ces deux pages sont remplies « d'écritures autographes tracées à rebours. » Jusque-là on n'avait encore vu dans les ventes publiques qu'un seul autographe de Léonard de Vinci. Ces deux pages furent vendues 200 fr. A s'en tenir au préjudice matériel souffert par l'Institut, ce préjudice a été considérable, puisqu'il a perdu soixante-six feuillets ou cent trente-deux pages de Léonard de Vinci.

On lit dans le catalogue des manuscrits vendus à lord

Ashburnham : « Deux volumes remplis d'écritures et de
« dessins de Léonard de Vinci ; deux volumes in-4° sur pa-
« pier, 15ᵉ siècle. Précieux manuscrit autographe. » Les manuscrits n'ont pas été soumis à l'examen des experts. Ils sont
du même format que ceux de l'Institut.

. Si les papiers de Libri mentionnent des acquisitions qu'il
aurait faites de quelques ouvrages de Léonard de Vinci, ces
ouvrages ne sauraient être confondus avec les autographes
enlevés à la bibliothèque de l'Institut et ceux que Libri a
mis en vente. Un de ces ouvrages, par exemple, est un *trattato della pittura* en deux volumes. Il a été payé 20 fr. Ce
prix dit assez que ce n'était pas un autographe.

M. P. Lacroix, dans sa lettre du 24 juin 1849, à M. le
juge d'instruction, annonce que « des pièces authentiques
venues de Florence prouvent qu'en 1827 (suivant la lettre
originale, et, en 1823, suivant la même lettre imprimée), il
(Libri) était devenu acquéreur des autographes de Léonard de
Vinci. » Cette preuve reste à faire ; en tout cas, elle appel-
lera une attentive vérification ; il faudra justifier d'acquisitions bien importantes pour expliquer les ventes faites à lord
Ashburnham.

Archives de l'Institut.

Les archives de l'Institut, placées sous une surveillance
spéciale, ne sont accessibles qu'aux académiciens.

Les ouvrages de science et les inventions nouvelles étant
soumis à l'approbation de l'Académie qui les fait examiner
par des rapporteurs choisis dans son sein, les archives de-
vraient seules posséder les documents de ce genre, qui sont
autant de précieux autographes émanés des célébrités de la
science française. De tels documents ne peuvent entrer dans
le commerce. Aussi, jusqu'en 1839, les ventes publiques n'en
offrirent pas un seul. On y avait bien rencontré des lettres
autographes de d'Alembert, Buffon, Cassini, Condorcet, Fon-
tenelle, Lalande, etc.; mais ce fut une nouveauté que la mise
en vente, à la date du 27 février 1839, de deux rapports,
l'un de Clairaut et d'Alembert, l'autre de d'Alembert et Le-
monnier, sur des ouvrages soumis à l'Académie; et cette
nouveauté était due à Libri. C'est encore lui, et lui seul,
d'après les constatations de l'expertise, qui a vendu des documents du même genre, notamment deux autres rapports
de d'Alembert.

Quarante-six rapports écrits ou signés par Buffon, Vaucanson, Cassini, d'Alembert, Laplace, Condorcet, Legendre,
de Jussieu, Fourcroy, etc., ont été trouvés dans les papiers

de Libri. C'est plus qu'il n'en a paru dans toutes les ventes, et ces documents n'ont pas encore figuré sur les catalogues. On a saisi en même temps de nombreuses lettres adressées par diverses personnes à Bignon, Mairan, secrétaires de l'Académie des sciences, et à Lebeau, secrétaire de l'Académie des inscriptions ; deux notes, dont une de la main de Bignon, sur l'état des pensions des membres de l'Académie des sciences en 1725 ; une note scientifique du géographe de l'Isle, lue à l'Académie des sciences en 1726 ; diverses autres notes analogues déposées à l'Académie des sciences ou des inscriptions ; six lettres de ministres adressées aux présidents ou directeurs de l'Académie des sciences de 1775 à 1799, et qui trouvent leur place dans le carton n° 35 des Archives ; une chemise vide sur laquelle on lit : « Procès-verbal des expé- « riences de M. Lavoisier... déposé à l'Académie le 7 dé- « cembre 1773. » Le mémoire que cette chemise renfer- mait a été vendu par Libri, sous le n° 265, le 16 avril 1846, comme étant, d'après le catalogue, *des plus importants pour la science de la chimie.* La provenance de ces lettres et rap- ports ne peut être un instant douteuse ; ce sont des docu- ments qui appartiennent nécessairement aux Archives. Que peut-il d'ailleurs manquer à la preuve de la soustraction, quand on découvre, en même temps, un procès-verbal ori- ginal d'une séance de l'Académie des sciences signé Laplace, Lacépède et Prony ; puis une quittance rédigée et signée par Euler, pour le prix qu'il remporta à l'Académie des sciences en 1772? On a saisi, en outre, cinq lettres autographes lais- sant encore voir les traces d'une estampille ovale, imprimée à l'encre rouge, représentant un soleil au milieu de trois fleurs de lis, et qu'on a tenté d'enlever à l'aide d'un acide. Cette estampille appartient à l'Institut. La première est de *Renaldini à Roberval.* On ne connaît pas de lettre de Re- naldini qui ait passé dans les ventes. La seconde est de *Torricelli* au Père *Mersenne.* Il n'a paru dans le commerce qu'une seule lettre de Torricelli, mais elle était adressée à Roberval, et c'est Libri qui la mettait en vente en 1846. Dans le catalogue des manuscrits vendus par Libri à lord Ashburnham, on lit sous le n° 1238 : « Correspondance « inédite et autographe de Torricelli avec le père Mer- « senne, précieux manuscrit *in-folio,* 17ᵉ siècle, sur papier. » Or, d'une part, on ne trouve pas trace, dans les papiers de Libri, de l'acquisition qu'il aurait faite de ces lettres ; d'au- tre part, le carton n° 29 des Archives renferme une chemise intitulée *Lettres de Torricelli à Carcavi, Roberval, Mersenne ;* et il ne reste dans cette chemise qu'une *copie* d'une lettre de Torricelli au Père Mersenne. Quant aux trois autres lettres,

dont deux de Borda, rien non plus n'en justifie la possession
entre les mains de Libri.

Au catalogue des manuscrits vendus à lord Ashburnham,
figure un article ainsi conçu : « Manuscrits inédits et auto-
« graphes de Frénicle, célèbre géomètre français du 17 siè-
« cle (très-important), in-folio sur papier. » Or, le carton
n° 33 des Archives contient l'indication d'ouvrages de Frénicle qui ont disparu. On lit, dans le même catalogue :
« Correspondance inédite et autographe de Descartes avec
« le P. Mersenne. Précieux manuscrit in-folio et in-4°,
« 17ᵉ siècle sur papier. » Le même carton n° 33, indique
soixante-cinq lettres de Descartes au P. Mersenne, qui ne s'y
trouvent plus. Le carton 27 renferme une chemise intitulée « *Lettres de Descartes au P. Mersenne et au chevalier Ca-*
« *vendish*, etc. » On n'y voit plus que trois lettres adressées
au P. Mersenne.

En 1836, Libri a acheté à la vente Perrin de Sanson un
recueil de lettres adressées à Gassendi, qui renfermait,
d'après les énonciations du catalogue, au moins une et peut-
être plusieurs lettres de Descartes au P. Mersenne. Depuis
cette époque, il s'est rendu acquéreur des papiers d'Arbo-
gast, contenant, dit-il, de nombreux autographes, notamment
de Descartes. Mais alors même qu'il justifierait de l'acquisition légitime d'un certain nombre de ces pièces, il resterait
toujours à sa charge le fait de la détention inexplicable de
documents nécessairement soustraits à l'Institut.

Bibliothèque nationale.

« Une pièce séparée, dit le témoin Claude, employé à la
« Bibliothèque nationale, au département des manuscrits, la
« salle Fréret, servant de dépôt provisoire et absolument
« interdite au public, était mise à la disposition de M. Li-
« bri... Il y travaillait seul, les portes fermées; il y a
« compulsé la collection Baluze et plusieurs autres. »

Un jour que Libri voulait rester seul à la Bibliothèque
après la fermeture, comme cela lui était arrivé plusieurs
fois, M. Hase, qui était de service, crut devoir s'y opposer.
bien que son observation eût été faite avec mesure et con-
venance, il reçut de Libri, le soir même, une provocation
en duel, malgré ses 60 ans.

L'instruction a dû limiter ses recherches à certaines collections plus spécialement explorées par l'accusé.

Collection Baluze. — Cette collection comprend tous les
papiers qui ont appartenu au savant Etienne Baluze, bibliothécaire de Colbert. Ses fonctions et ses relations avec
d'éminents personnages lui avaient permis de rassembler

de précieux documents, des lettres politiques ou scientifiques qui forment aujourd'hui 379 volumes in-folio. En
1810, cette collection était dans un ordre parfait, pour-
vue d'un double catalogue, mais sans cote, sans estampille.
C'est en 1843 seulement qu'elle fut cotée, estampillée et re-
liée. — A cette époque on put constater des lacunes considérables.

Un grand nombre de pièces détournées de la collection
Baluze se sont retrouvées soit dans les ventes de Libri, soit
à son domicile.

L'armoire n° 4 renfermait quatre liasses contenant une
correspondance politique de M. de Marca, évêque de Cou-
serans, avec les ministres Letellier, Mazarin, etc., pendant
les années 1644 à 1651, relativement aux affaires de la Catalogne. Deux notes de la main de Libri et saisies à son domicile prouvent qu'il a compulsé les quatre liasses. Or, à
l'une de ses ventes qui, ainsi qu'on l'a dit, se faisaient ou
sous le nom d'autrui, ou sous un nom supposé (vente Charon, 16 avril 1846, n° 298), figure une lettre autographe signée de P. de Marca au cardinal Mazarin, datée de Barce-
lone, 23 mars 1648, et le catalogue ajoute : « *Se plaint de
différents personnages de la Catalogne;* » à une autre de ses
ventes (vente Riffet, n° 468), on rencontre une autre lettre,
sans date de P. de Marca au chancelier.

Dans l'armoire n° 5 était une liasse de pièces originales
écrites par de Malherbe à M. de Bullion, son parent, et
une autre liasse contenant divers opuscules, notamment
Beroaldus de Labyrintho. La première liasse manque tout
entière, et la seconde a perdu le Beroaldus. Or, dans une
des ventes de Libri (vente Charon, n° 41), on voit un
« *Beroalde* de Verville. Lettre autographe, dit le catalogue,
« à la suite de laquelle se trouve une dissertation de deux
« pages in-folio, également autographe, *sur la forme des an-
« ciens labyrinthes;* » à la même vente, sous le n° 26, une
lettre de Malherbe à M. de Bullion, du 10 novembre 1620 ;
à une autre vente (vente Gottlieb W., n° 298), une lettre du
même à M. de Bullion, en date du 13 mars 1614.

Enfin le catalogue des manuscrits vendus à lord Ashburnham mentionne 4 volumes in-folio de lettres et manuscrits
divers, tous autographes de Malherbe.

La même armoire n° 5 renfermait deux fascicules intitulés l'un : « *Lettre de divers officiers à la reine de Navarre*
(Jeanne d'Albret); » l'autre, « *Lettres à la reine de Navarre
et au prince de Navarre, par Catherine de Médicis et
Charles IX.* » Dans les ventes de Libri on trouve : 1° une
lettre de Gaspard de Coligny à la reine de Navarre, sous la

date du 13 janvier 1569 (vente Charon, du 8 décembre 1845) ;
2° des lettres de Catherine de Médicis à la reine de Navarre
(vente Jacob et vente Charon, du 16 avril 1846).

Le premier article du portefeuille n° 1 de l'armoire 6
était un recueil ayant pour titre : « *Remarques sur diverses
pièces qui ont été faites au sujet du règlement que le roi veut
faire touchant les maisons religieuses, 1667,* » ce recueil a
disparu ; et dans un des catalogues de Libri (vente Charon,
du 16 avril 1846, n° 24), on lit : « Baluze. *Recueil de pièces
relatives au règlement que le roi veut faire touchant les maisons
religieuses,* 26 pages petit in-folio, entièrement écrites par
Baluze. On y a joint une lettre autographe signée, à Colbert, du 15 octobre 1673, avec des notes en marge de la
main de Colbert. »

L'armoire 6 et l'armoire 7 contenaient des « *lettres écrites
au duc Bernard de Saxe-Weimar par plusieurs personnes
(1636 à 1639) ;* » des « *lettres du roi et de la reine au duc
de Weimar et du duc de Weimar au roi (1636 à 1639) ;* »
« *trois lettres autographes de Hugo Grotius au duc de Saxe
en 1636 ;* » enfin des « *lettres écrites par le roi ou ses ministres, et papiers divers relatifs aux missions de M. de Sabran à Gênes, à Vienne et à Londres.* »

La liasse renfermant ces dernières lettres est mentionnée
dans une note prise par Libri sur la collection Baluze.

Or, des lettres qui viennent d'être rappelées, un bon
nombre ne se retrouvent plus, et on les voit passer dans les
ventes Libri. Ainsi on y rencontre des lettres écrites au duc
de Saxe-Weimar par 1° Hugo Grotius, sous la date du 19-29
octobre 1637 (vente Gottlieb, n° 289) ; 2° Gaston d'Orléans,
sous la date du 17 avril 1638 (même vente, n° 19) ; 3° Bouthillier de Chavigny, sous la date du 19 mars 1638 (vente
Charon du 8 décembre 1845, n° 99) ; une lettre d'Abel Ser-
vien à M. de Sabran, en date du 26 novembre 1631 (vente
Charon du 16 avril 1846, n° 331).

En outre, au domicile de Libri, on a saisi deux lettres
adressées à M. de Sabran à Gênes, en 1632, et signées *Ser-
vyen* ; une lettre au même, de Victor Amédée, duc de Savoie,
en date du 5 décembre 1637 ; une lettre au duc de Weimar,
par la princesse de Salm Chrestienne de Croy ; enfin une lettre
au même, par Bouthillier de Chavigny, en date du 25 juillet
1638. Cette pièce porte au dos la cote *armoire 6,* écrite de
la main de l'employé Lalande, un des rédacteurs du catalogue
Baluze.

De la collection Baluze faisaient encore partie : 1° des
« lettres écrites au duc d'Orléans, par Marie de Médicis, sa
« mère, et par Anne d'Autriche, sa belle-sœur. » (Liasse 2,

art. 2, paquet 8.);—la liasse entière a disparu ; 2° des « lettres
« écrites à Baluze, et quelques-unes de lui, dont les plus re-
« marquables sont celles à lui écrites de Rome par D. D. Ma-
« billon et Claude Estiennot » (Liasse 1, paquet 9); 3° la
« *correspondance bibliographique très-étendue entre M. Col-*
« *bert, ministre, M. Colbert, coadjuteur de Rouen, et M. Ba-*
« *luze, concernant le travail de leurs bibliothèques.* » (Paquet 10, n° 3.) Cette correspondance a de nombreuses
lacunes.

Or, dans les ventes Libri figurent 1° quatorze lettres écrites
à Gaston, duc d'Orléans, par Marie de Médicis; 2° sept lettres écrites à Baluze par Mabillon, Rome, 9 octobre 1685 ;
le P. Quesnel, 29 mars 1680; Magliabechi, 26 décembre
1681 et 16 mai 1684; Grævius, Utrecht, 29 novembre 1686,
et une autre lettre sans date; Beauvilliers (le duc de), 3 juillet,
sans autre date ; 3° dix lettres ou billets de Colbert à Baluze, et de Baluze aux Colbert, relatifs à des envois de
manuscrits, à des emprunts ou acquisitions de livres, à des
arrangements de bibliothèques.

Au domicile de Libri ont été saisis : 1° une lettre en date
du 12 septembre 1627, de Marie de Médicis à Gaston, duc
d'Orléans, son fils ; 2° une lettre de J. Georges Kulpis à
Baluze, Strasbourg, 30 août 1683 ; 3° deux lettres, l'une de
Baluze à Colbert, du 22 janvier 1670, l'autre de Colbert à
Baluze, du 30 juin 1676 ; trois billets de Colbert à Baluze,
en date des 1er mai, 15 mai, 14 juillet 1681. Ces billets et
lettres ont pour objet des demandes de livres, des projets
de catalogue, des détails de bibliothèques. La date des trois
billets, tous les trois de 1681, ne saurait passer inaperçue.
Dans la correspondance de Baluze, qui contient actuelle-
ment environ trois cents lettres et embrasse un intervalle
de vingt-quatre années, du 4 avril 1667 au 29 avril 1691,
on passe brusquement, par suite d'une lacune considérable,
du 7 septembre 1680 au 28 décembre 1681. Une autre
particularité mérite d'être remarquée : la lettre du 22 janvier 1670, de Baluze à Colbert, trouvée au domicile de Libri,
est relative à un changement de catalogue, changement dont
Colbert, par sa réponse en marge, se montre peu satisfait.
Or, la suite de cet incident se trouve dans la collection de la
Bibliothèque nationale. (Paquet 10, n° 3.)

Quand Libri est détenteur de pièces dont l'origine est
manifestement établie et bien connue de lui, qu'il a pu
compulser seul, libre de toute surveillance ; quand on cherche
vainement dans ses papiers la trace des acquisitions qu'il
aurait pu faire et qu'on le voit néanmoins vendre des volumes entiers de ces autographes, une telle possession de-

vient une charge accablante, et il paraît bien difficile, pour ne pas dire impossible, de la justifier.

Correspondance de Boulliau. — La correspondance de Boulliau, célèbre astronome du 17ᵉ siècle, se compose de trente-neuf volumes in-folio, qui ont été reliés vers 1831 et 1832. Libri l'a consultée.

Dans vingt-cinq volumes environ, l'expertise a constaté des traces évidentes de soustraction. Vingt pièces qui manquent à la collection figurent dans les ventes de Libri. Quatre ont été trouvées à son domicile; une de ces quatre pièces, qui est une lettre originale de Bourdelot, a été l'objet d'une expertise spéciale. Elle a été détachée du vingt-quatrième volume de la correspondance. Les experts, après avoir comparé le papier de la lettre et le papier de la souche qui était restée à la Bibliothèque nationale, en ont reconnu la parfaite identité; c'est, disent-ils, la même vergeure, le même serré, la même transparence, la même vétusté, la même force; c'est la même distance et le même nombre des lignes parallèles dites pontuseaux. Au milieu de la feuille à gauche, un filigrane transparent représente une grappe de raisin. Cette grappe se retrouve partie dans la souche, partie dans la lettre; et ces deux parties rapprochées l'une de l'autre s'adaptent avec une parfaite exactitude. Il en est de même de la lettre et de la souche dont les dimensions sont identiques et qui, lorsque l'une est présentée à l'autre, se correspondent et s'unissent sur tous les points de manière à faire corps ensemble. Enfin, un petit défaut provenant du séchage et existant dans la lettre se trouve continué dans la souche.

Des constatations non moins décisives ont été faites sur une lettre d'Hévélius appartenant à l'Observatoire et saisie au domicile de Libri. Ces faits parlent assez d'eux-mêmes pour que le raisonnement n'y puisse rien ajouter.

Correspondance de Peiresc. — Les papiers et manuscrits du savant Peiresc, conseiller au parlement d'Aix, se trouvent en dépôt dans plusieurs bibliothèques publiques, à Paris, à Carpentras, à Montpellier, et la Bibliothèque nationale possède dix volumes in-folio de sa correspondance. Ils ont été reliés vers 1831. M. Guérard, conservateur adjoint, a numéroté les pièces des six premiers volumes en 1833, et M. Claude les pièces des autres volumes vers 1845. C'est à cette dernière époque qu'elles ont été toutes estampillées.

Libri a consulté cette collection, où l'on remarque de fréquentes lacunes et des traces d'arrachement. Dans ses ventes ont passé des autographes que leur objet, leurs dates, les annotations ainsi que les noms propres rattachent à la correspondance de Peiresc. Telles sont les lettres de *Saumaise,* de *Rigaut*, de *Dupuy*, de *Naudé*, de *Chifflet*, de *Diodati*, de *Duchesne*, de *Godefroy* (ventes Riffet, Saint-Julien, Canazar). Ces lettres manquent au dixième volume de la correspondance. Quatre adresses de ces lettres sont restées jointes à la collection. Une note mise sur une de ces adresses indique la date du 2 juin 1632 pour une lettre de *Chifflet* qui a disparu. On retrouve précisément dans une vente de Libri (vente Riffet, n° 416) une « *lettre de Chifflet de* 1632. » Sur une autre adresse, on lit : « *Diodati, 29 décembre* 1634, » et une « *lettre de Diodati de* 1634 » figure à la vente Riffet, sous le n° 421. Une lettre de Mersenne à Peiresc a été vendue par Libri avec cette particularité remarquable : l'épreuve du catalogue trouvée au domicile de l'accusé énonçait bien que la lettre était adressée à Peiresc ; mais dans le catalogue publié, ce dernier nom avait disparu. On avait procédé de même pour des lettres adressées à Hévélius et à Dupuy. A l'aide de cette précaution, on n'éveillait ni l'attention des bibliothécaires, ni les soupçons des acquéreurs.

Une lettre de Campanella à Peiresc du 24 février 1636 a été saisie au domicile de Libri. Elle provient du tome VI de la collection. Au haut de la première page on voit encore la trace d'un numéro qui a été gratté. Mais pour cette pièce la prescription est acquise.

Collection Dupuy. — La collection des lettres, pièces et documents historiques réunis par les frères Dupuy, gardes de la bibliothèque du roi, se compose de 970 volumes in-folio, pour lesquels il existe un inventaire succinct des pièces renfermées dans chaque volume et une table des matières par ordre alphabétique.

Cette collection, explorée par Libri, présente de nombreuses lacunes. Les investigations se sont concentrées sur quelques volumes seulement.

Volume 708. *Lettres de Casaubon*. — Toutes les lettres de ce volume, consacré à la correspondance du célèbre helléniste Casaubon avec le président de Thou, sont numérotées en chiffres romains, et un inventaire placé en tête du volume donne à la fois la date, le numéro et la première ligne de chacune d'elles. Ces indications précises ont permis de constater l'absence de 21 lettres.

Avant 1836, « l'autographe de Casaubon, dit le *Manuel de l'amateur d'autographes*, par Fontaine, bien que recherché, n'avait point encore passé dans les ventes. » C'est dans celles de Libri qu'on en voit pour la première fois, et l'on y trouve précisément des lettres ayant les dates des lettres enlevées et qui sont indiquées sur l'inventaire : l'une d'elles, datée du 26 février 1612, était dénuée de suscription. Le catalogue Libri l'annonçait néanmoins comme « très-probablement adressée à de Thou. » C'était même certain pour qui en connaissait la provenance; mais cette connaissance ne pouvait être avouée, le doute était prudent.

D'autres lettres de Casaubon, sans date, figurent dans les ventes de l'accusé. Postérieurement à ses premières ventes, on rencontre dans le commerce des autographes qui ont évidemment appartenu à la collection Dupuy. Ainsi une lettre de Casaubon, à laquelle l'inventaire donne le n° 77, a été achetée aux enchères à Londres au mois de décembre 1848. Mais, ainsi que le font observer les experts, des lots d'autographes ont été cédés par Libri à des libraires français ou étrangers et jetés ainsi dans la circulation.

On a saisi : 1° au domicile de M. Charon une lettre de Casaubon à de Thou, datée du 27 novembre 1611 et portant encore le n° 46 sous lequel elle est indiquée à l'inventaire Dupuy; 2° au domicile de Libri, une lettre du même à de Thou en date du 1ᵉʳ mars 1612, sur laquelle on voit le n° 54 de l'inventaire et des traces de déchirures. Vainement a-t-on cherché dans les papiers de Libri les indices d'une acquisition qu'il aurait pu faire des lettres de Casaubon à de Thou.

Volume 714. *Lettres de Rubens.* — Ce volume, qui contenait les lettres de Rubens à Dupuy, de 1626 à 1629, n'en a conservé que 27.

Il y a des traces d'arrachement entre une lettre du 20 mai 1627 et une autre du 12 août, même année. Dans la vente du 8 décembre 1845, sous le n° 366 figure une lettre du 30 mai 1625 ; mais cette date n'est pas exacte, la date réelle est 1627. Le contenu de la lettre indiqué sur le catalogue prouve qu'elle a été écrite durant le siége de La Rochelle, c'est-à-dire de 1627 à 1628 et non en 1625. Au premier aspect, l'autographe semblait ne pouvoir provenir de la Bibliothèque nationale, qui ne possède pas, sous la date de 1625, de lettre adressée par Rubens à Dupuy.

Il y a des traces d'arrachement entre une lettre du 30 septembre et une autre du 11 novembre 1627. Dans les ventes de Libri (Riffet et Saint-Julien) figurent deux lettres de Rubens, l'une de 1627, sans autre date, l'autre du 21 octobre même année, qui se placent bien, comme on le voit, entre le 30 septembre et le 11 novembre.

Il y a des traces d'arrachement entre une lettre du 13 mars 1628 et une autre du 16 avril même année. Une lettre de Rubens, du 23 mars 1628, a passé dans la vente Gottlieb. Le catalogue publié n'indique pas à qui cette lettre est adressée ; mais l'épreuve portait *Rubens à Dupuy*.

Il y a des traces d'arrachement entre les lettres du 29 juin et du 14 juillet 1628. A l'une des ventes de Libri (vente S***, n° 161), on rencontre une lettre de Rubens, du 29 juin 1640. Cette date de 1640 est fausse comme celle de 1625 ; ainsi que la lettre du 30 mai, la lettre du 29 juin a été écrite pendant le siége de La Rochelle ; elle est de 1628.

Il y a des traces d'arrachement après la lettre du 14 juillet 1628, et dans une vente Libri (vente du bibliophile Jacob) se trouve une lettre de Rubens, du 25 février 1629. Libri est le premier qui ait mis dans le commerce les autographes de Rubens. On s'adressait même à lui pour en obtenir à l'amiable; c'est ce que prouvent plusieurs lettres saisies à son domicile.

Volume 688. *Lettres de Rubens, de Galilée, de Gassendi, de Camden,* etc. — Les pièces de ce volume étaient inventoriées ; on y voit de nombreuses lacunes.

Il y manque notamment une pièce ainsi désignée sur l'inventaire : « *Inscript. autogr. de Rubens, manière exacte de peser.* » On a saisi chez le sieur Charon une lettre de Rubens, qui porte la marque évidente de tentatives de raccommodage, ayant pour but de dissimuler des traces de déchirure. Au haut de la première page, on lit ces mots de la main de Dupuy : *Maniera exactissima da pesare.*

Des lettres de *Galilée,* de *Heinsius,* de *Barclay,* de *Camden* ont également disparu. On en rencontre fréquemment de ces trois derniers personnages dans les ventes Libri ; on y voit aussi trois autographes de Galilée (ventes S***, n° 167, du 8 décembre 1845 ; n° 172, du 16 avril 1846 ; n° 194). Auparavant, une seule lettre de Galilée avait paru dans le commerce.

Le même volume a perdu des traités de Gassendi, intitulé sur l'inventaire : « *Isles flottantes, maculæ solares, éclipse de* 1635. » Or, parmi les documents autographes vendus à lord Ashburnham, se trouve un manuscrit de Gassendi, désigné sous ce titre : *Commentaria de rebus astronomicis.*

Enfin, un alphabet cophte, porté sur l'inventaire et qui manque à la collection, a été saisi au domicile de Libri.

Volume 707. *Lettres du président de Thou.* — Plusieurs pièces ont été soustraites de ce volume qui contient les lettres du président de Thou à Casaubon. Une de ces lettres, du 25 août 1612, a passé dans la vente Libri du 8 avril 1844, et le volume 707 a précisément une lacune du 10 juillet 1612 au 1er octobre de la même année. L'adresse d'une autre lettre écrite à Casaubon par le même et portant la date du 29 décembre 1612, a été trouvée au domicile de Libri. Or, dans le volume il existe une lacune du 25 octobre 1612 au 24 mars 1613.

Volume 713. *Lettres de Saumaise.* — Dans ce recueil de lettres adressées par Saumaise à Dupuy, de 1617 à 1639, l'expertise a constaté de nombreuses soustractions. Antérieurement aux ventes Libri, aucune lettre de Saumaise n'avait été vue dans le commerce. Les catalogues de vente de Libri nous en présentent quatre qui, par leurs dates, rentrent dans la période qu'embrasse le volume 713. Une lettre de Saumaise, détournée de ce volume, a été rachetée à Londres par la Bibliothèque nationale.

Volumes 716-719. *Lettres de Peiresc.* — Ces volumes renferment, entre autres pièces, une série de lettres de Peiresc à Dupuy. Libri est le premier qui ait produit des autographes de Peiresc dans les ventes publiques. On en voit deux, sous les dates des 16 juin 1630 et 18 juillet 1627, aux ventes des 8 avril 1844 et 8 décembre 1845 ; une autre, sous la date du 30 juin 1639, à la vente Gottlieb. L'épreuve du catalogue porte que cette dernière lettre est adressée à Dupuy. Libri a vendu à lord Ashburnham cinq volumes in-folio de lettres et manuscrits de Peiresc ; on en a saisi à son domicile un paquet considérable. L'instruction n'a pas trouvé trace d'une seule acquisition.

DÉPARTEMENTS.

L'expertise a constaté dans les bibliothèques de Carpentras et de Montpellier des soustractions d'autographes se rattachant à l'affaire Libri.

Carpentras.

La bibliothèque de Carpentras conserve une partie de l'ancienne collection formée par Peiresc.

En 1841, ce recueil formant 86 volumes était en bon état ; c'est ce qu'atteste une note de Libri. Cette note se rencontre au milieu de beaucoup d'autres dans un cahier contenant des détails fort circonstanciés sur les manuscrits de Carpentras, et qui, par la date du 18 janvier 1841, qu'on voit au feuillet 22 verso, paraît avoir servi à Libri lors de sa tournée de 1840-1841. Elle est ainsi conçue : « Il y a 86 volumes, « *tous en bon état*, si l'on en excepte 2 ou 3, auxquels il « manque *quelques feuillets.* » Libri avait minutieusement compulsé ce recueil, et l'on n'en veut d'autre preuve que les cahiers de notes qu'il a rédigés.

Des 86 volumes, 41 étaient anciennement paginés, et vers 1845, le bibliothécaire actuel de Carpentras, M. Lambert, a inventorié page par page toute la collection.

Une vérification minutieuse, faite avec le plus grand soin, sous les yeux du bibliothécaire, a établi que 1738 feuillets avaient disparu des 41 volumes anciennement paginés. Les volumes étant en bon état en 1841, et la soustraction ne portant pas sur les pièces inventoriées en 1845, c'est entre ces deux époques que se placent les détournements.

Dans l'intervalle de l'une à l'autre, en 1842, Libri fit un voyage à Carpentras. Il travailla dans la bibliothèque, sur la collection de Peiresc, avec une liberté que ne gênait aucune surveillance.

Or, indépendamment des autographes de Peiresc, que l'instruction soutient avoir été détournés de la Bibliothèque nationale, on a trouvé chez Libri 343 feuillets paraissant provenir de la collection de Carpentras.

Ces feuillets ont été envoyés dans cette ville et rapprochés des lacunes qui viennent d'être signalées. Sur les 343 feuillets, 295 ont retrouvé leur place dans le recueil. Les numéros de ces feuillets sont exactement ceux des feuillets absents ; les chiffres sont tracés par la même plume, enfin il y a identité de sujet. Nul doute ne peut donc s'élever sur leur provenance.

L'instruction, on l'a dit, n'a pu découvrir où Libri aurait légitimement acquis des manuscrits de Peiresc, et cependant elle saisit à son domicile 295 feuillets qui sont à la fois une partie seulement des 1738 feuillets enlevés à Carpentras et un reste de ceux qu'il a vendus. Il se trouve en même temps que plusieurs de ces feuillets sont précisément ceux que ses notes avaient analysés. Comment, d'ailleurs, Libri aurait-il pu consentir à acheter des autographes qu'il avait attentivement étudiés, dont pour lui l'origine n'était pas douteuse et qui auraient été nécessairement soustraits d'un dépôt public ?

Un recueil de la même bibliothèque intitulé : *Lettres écrites par divers savants à M. de Mazaagues*, a perdu 74 feuillets, qui devaient contenir, entre autres, des lettres de *Montfaucon*, de *Jacob Spon* et du *P. Lelong*. Des lettres de ces personnages figurent dans les ventes publiques de Libri. Enfin on a trouvé à son domicile le 46ᵉ feuillet du premier volume de ce recueil. Ce feuillet avait conservé son numéro.

Montpellier.

L'instruction a déjà montré Libri visitant, en 1841 et 1842, la bibliothèque de la Faculté de médecine de Montpellier.

Cette bibliothèque possède les manuscrits de la reine Christine, qui forment une double collection : l'une ne renferme guère que des copies ; on n'y a remarqué aucune soustraction. L'autre, en quinze volumes in-folio, contient les minutes et papiers de la reine et les originaux des lettres qui lui étaient adressées par les personnages les plus illustres de son époque. Cette dernière collection n'a pas été respectée.

Les volumes 4, 6, 7, 8 et 10 ont été paginés dans le dernier siècle. On y a constaté la disparition de 173 feuillets.

Dans les ventes Libri ont figuré beaucoup de lettres de la reine Christine, et l'on a saisi à son domicile un cahier de ces lettres portant le titre : *Medaglioni della regina Christina*. Les experts l'ont rapproché d'une lacune existant dans le 8ᵉ volume de la collection. Voici comment ils s'expriment sur ce point : « En le rapprochant du volume, on « ne peut guère douter qu'il n'en ait fait originairement « partie ; et, bien qu'on ait enlevé, au moyen de ciseaux « où d'un canif, les numéros écrits au haut des pages de ce « cahier, tout nous fait supposer qu'il a dû être placé jadis « entre les feuillets 95 et 118. » Dans cette appréciation, les experts ont eu à tenir compte de la dimension des feuillets, du rapport des dates, de la place occupée par les numéros, en un mot, de toutes les circonstances propres à établir l'identité.

Libri, dans le catalogue détaillé qu'il adressait au ministre en décembre 1841, disait du 8ᵉ volume de la collection : « Il y manque beaucoup de pièces. » Mais cette circonstance ne suffit certainement pas pour écarter de lui des charges qui ont leur gravité. Il lui reste à expliquer la possession des autographes trouvés en son domicile. Tout dans ces pièces annonçait qu'elles avaient été volées. Signaler une lacune, c'était un moyen d'éloigner le soupçon qu'il en fût l'auteur ; ce n'était pas se créer un obstacle. On verra d'ailleurs qu'il avait su rentrer en possession du catalogue de 1841. Que peuvent enfin les inductions contre le fait d'une détention que rien ne justifie, qui, à raison de la nature des pièces, de la suppression des numéros, serait déjà suspecte et qui le devient bien autrement quand ces pièces se retrouvent entre les mains d'un homme qui peut, sans hésitation, reconnaître d'où elles viennent ?

Une lettre officielle de Libri, écrite en 1841, mentionne un recueil fort important conservé aussi à la bibliothèque de Montpellier sous la cote H. 272. C'est un volume de lettres adressées à Alde Manuce, « volume, dit-il, qui contient une « lettre de Tasse et une de Pierre Arétin. » Cette dernière lettre, qui portait le nᵒ 149, a disparu, ce qui a été facile à constater par la pagination et l'inventaire placé en tête du volume. Au catalogue de la vente Libri, du 16 avril 1846, on rencontre un article ainsi conçu : « Arétin (Pietro Aretino) lettre

« autographe à Paul Manuce , célèbre imprimeur. » —
« Nous ne doutons pas, disent les experts, que cette lettre
« ne soit celle qui devait se trouver dans le volume dont
« nous nous occupons, sous le n° 149. » Les lettres d'Arétin sont, en effet, très-rares, et celle qui a été vendue par
Libri est précisément, comme celle de Montpellier, adressée
à Manuce. Jusqu'en 1848, cinq lettres seulement d'Arétin
ont passé dans les ventes, et de ces cinq lettres une seule
était adressée à Paul Manuce ; c'est celle qui a été vendue
par Libri. Si l'identité est indubitable, il est certain, d'une
part, que la soustraction a eu lieu depuis 1841, puisqu'à
cette dernière époque, Libri signalait l'existence de la lettre
dans la bibliothèque de Montpellier ; d'autre part, que cette
mention ne l'a nullement empêché, ici comme ailleurs, de
s'approprier l'autographe qu'il avait désigné.

La défense de l'accusé sur les autographes et les manuscrits est à peu près nulle. *Il lui aurait fallu*, dit-il, *des
moyens bien caractérisés afin de constater l'identité des pièces,
par exemple l'indication de la date, du format... Les collections publiques ont été mises au pillage. Les autographes qui
en provenaient se sont répandus dans le commerce. Il en a
acheté partout, les preuves en sont dans ses mains. Il faudrait
établir l'identité des pièces saisies à son domicile et de celles
qui ont été perdues par les bibliothèques.*

Rien n'a été négligé pour assurer la constatation de cette
identité.

Peut-elle être douteuse aux yeux de Libri lui-même, quand
il s'agit notamment des rapports de l'Académie, des procès-
verbaux, des mémoires,... des autographes analysés dans ses
notes et retrouvés chez lui avec leurs numéros d'ordre, de
tous ceux qui n'existent pas en double exemplaire et que
leurs titres designent suffisamment ?

Les généralités dans lesquelles se réfugie l'accusé semblent
attester l'impuissance où il est de présenter une sérieuse justification.

Manuscrits.

Libri, après avoir tenté de vendre ses manuscrits, d'abord
au *British museum*, puis au gouvernement sarde, les a défi-
nitivement cédés à lord Ashburnham, en mars 1847, au prix
de 200,000 fr. Cette riche collection se composait de mille
neuf cent un articles, et formait environ deux mille deux
cents volumes.

Lord Ashburnham prit vis-à-vis de Libri l'engagement
d'honneur de garder le plus profond secret sur l'affaire qui

se réglait entre eux. C'est ce qu'atteste un écrit trouvé au domicile de ce dernier (1).

A l'aide de divers documents, l'instruction a recherché l'origine de tant de richesses soustraites à son examen. Elle est arrivée à constater que, sur huit cents manuscrits environ dont on ne voit *aucune trace d'acquisition* de la part de Libri, quatre-vingt-treize seraient antérieurs au 12ᵉ siècle, savoir : six du 5ᵉ siècle, cinq du 6ᵉ, quatre du 7ᵉ, trois du 8ᵉ, quarante-sept du 9ᵉ, douze du 10ᵉ, seize du 11ᵉ.

On se demande comment un simple particulier a pu, avec des ressources fort ordinaires, réunir tant de précieuses raretés qui, depuis lontemps, ne se trouvent plus que dans les bibliothèques publiques.

Les ventes publiques offrent peu de manuscrits antérieurs au 12ᵉ siècle. La bibliothèque de la duchesse de Berry, dont le libraire chargé de la vente disait que *depuis plus de trente ans il ne s'était pas présenté de collection aussi précieuse au point de vue de l'antiquité*, ne comptait que vingt-neuf manuscrits antérieurs au 12ᵉ siècle, savoir : seize du 11ᵉ, dix du 10ᵉ, deux du 9ᵉ, un du 6ᵉ. La collection Gianfilippi, la célèbre bibliothèque du comte Boutourlin étaient moins riches encore. Libri, à lui seul, en possède quatre-vingt-treize : et l'on a beau interroger ses factures, ses papiers, les catalogues de toutes les ventes effectuées à Paris, on ne peut justifier cette possession.

Paris.

Dans le catalogue des ouvrages cédés à lord Ashburnham, figurent plusieurs manuscrits que leurs titres semblent rattacher à la Bibliothèque nationale, où des manuscrits semblables ont été dérobés. On a même saisi au domicile de Libri un feuillet arraché à la garde d'un manuscrit provenant évidemment de la Bibliothèque nationale, dont il porte encore l'estampille ; mais l'instruction n'a pu déterminer le volume auquel il appartenait, et n'a pas voulu s'arrêter à ces indices qui manquaient de portée et surtout de précision.

Quatre volumes d'*Hévélius*, ayant l'estampille de la bibliothèque de l'Observatoire, ont encore été trouvés chez Libri.

____

(1) Lord Ashburnham ignorait, on n'en saurait douter un instant, le véritable motif qui portait son vendeur à désirer le silence. Voici comment il s'exprime dans une des lettres relatives à cette négociation : « Permettez-moi de vous assurer, avant d'aller plus loin, que je considère chacune de vos communications comme strictement confidentielle et que je suis obligé d'honneur à ne faire la moindre mention d'absolument rien de ce qui s'est passé entre nous, à n'importe quelle personne que ce soit sans votre permission. »

Ces volumes ont-ils été empruntés, ont-ils été soustraits ? Bien que le prêt n'ait pas été établi, dans le doute, l'instruction a mieux aimé croire à un prêt qu'à une soustraction.

Dans le catalogue de la vente Ashburnham, on voit un manuscrit ainsi désigné : « *Liber de naturis rerum*, in-folio, vélin, 14ᵉ siècle, 1307, très-important, encyclopédie scientifique inédite. » Or, la bibliothèque de l'Arsenal a prêté à Libri, en 1837, un manuscrit intitulé sur l'inventaire : « *De naturis rerum* (sciences et arts, nᵒ 5) » et décrit en ces termes sur le livre de prêt : « *De naturis rerum*, 1307, un volume, pleine reliure, veau fauve. »

L'identité ne paraît pas douteuse; mais le livre a été prêté, et le détournement échappe à l'action de la loi.

DÉPARTEMENTS.

La justice a porté ses investigations, a-t-on dit, sur sept bibliothèques de départements.

Avant d'exposer les résultats obtenus, il convient de rappeler un fait qui a son importance.

En 1841, Libri obtint du ministre de l'instruction publique l'autorisation de consulter les catalogues des manuscrits de plusieurs bibliothèques départementales confiées à la garde d'un chef de bureau. Ces documents furent mis à sa disposition. Bien qu'il fût convenu que la communication aurait lieu sans déplacement, il profita de l'absence de ce chef de bureau pour emporter les catalogues.

Il fut, il est vrai, autorisé par le ministre à les conserver lors du voyage qu'il fit dans la même année. A son retour, on le chargea, sur sa demande, de la rédaction définitive de ces catalogues. Il eut soin de se faire remettre et les lettres et les catalogues qu'il avait lui-même adressés au ministre pendant sa mission. De cette manière, en même temps qu'il savait les richesses que possédaient les bibliothèques de province, et qu'il lui était facile de connaître les manuscrits non catalogués, il avait encore tous les moyens de dissimuler les soustractions qu'il aurait faites, eussent-elles porté sur des manuscrits mentionnés dans ses notes, ses catalogues ou sa correspondance. Ces documents, qu'il avait obtenus comme membre de la commission des manuscrits, qu'il devait restituer, il les avait conservés, bien qu'il ne fît plus partie de cette commission depuis plusieurs années. On en a retrouvé une partie dans ses papiers.

Troyes, Lyon, Grenoble, Aix, Auxerre, Montpellier.

Un an avant la mission de Libri, les manuscrits de la bibliothèque de Troyes avaient été inventoriés par M. Ravaisson, inspecteur général des bibliothèques. Libri, à qui cet inventaire fut remis lors de sa mission, ne l'a pas rendu. On ne l'a pas trouvé à son domicile. Qu'est-il devenu ?

A cette époque, la moitié environ des manuscrits de cette riche bibliothèque n'était pas cataloguée. Dans cette partie, les détournements étaient faciles, et il n'était guère possible de les constater. L'instruction a établi néanmoins que deux manuscrits latins d'un grand prix avaient disparu. Ce sont 1° *Un dialogue sur la musique, d'Eudes de Cluny* ; 2° *Un traité des rites du baptême, par Jessé.*

Il faut se hâter de reconnaître que, pour cette double disparition et pour les soustractions de manuscrits commises dans les bibliothèques de Lyon, Grenoble, Aix, Auxerre, Montpellier, l'instruction n'a recueilli aucun renseignement précis qui permît de les imputer à Libri.

Carpentras.

La commission qui fut, en 1842, chargée d'inventorier les manuscrits de la bibliothèque de Carpentras a constaté la perte de plusieurs ouvrages précieux.

Un manuscrit coté 363 était ainsi désigné sur l'inventaire de la bibliothèque : « *Il Cortegiano di Castiglione, in-folio,* » sans autre indication. Ce manuscrit, qu'il importe de ne pas confondre avec l'ouvrage imprimé portant le même titre dont il a été précédemment question, existait encore sur les rayons en 1841. Libri, dans un catalogue qu'il envoyait à cette époque au ministre, le mentionnait en ces termes : « *Il Cortegiano di B. Castiglione (con note del tempo et corre-zione), in-folio, papier, 16ᵉ siècle.* » En 1842, il avait disparu.

Or, dans le catalogue des manuscrits vendus à lord Ashburnham, on lit, sous le n° 1606 : « *Castiglione. Il Cortegiano, in-folio sur papier, 16ᵉ siècle.* C'est le manuscrit autographe de l'auteur *avec une foule de corrections.* Sur la première page, Paul Manuce a écrit le nom de Grolier. Ce volume (à la reliure de Grolier) est le seul manuscrit qu'on sache avoir appartenu à ce célèbre amateur. »

L'instruction a été justement frappée des caractères d'identité qui se révèlent entre le manuscrit de Carpentras et celui de lord Ashburnham ; elle a vainement tenté de remonter à la source de l'acquisition que Libri en aurait pu faire.

La bibliothèque de Carpentras possédait aussi un *Dante* ainsi désigné sur l'inventaire de Carpentras : « *Dante (Divina comedia)* in-8° vélin, relié en maroquin rouge. » Libri le désignait ainsi dans son catalogue envoyé au ministre en 1841 : « la *Divina comedia di Dante* (Di Tommaseo Spinelli, « 1463) in-16, 15e siècle. »

On se rappelle qu'en 1842 ce manuscrit n'existait plus à la bibliothèque ; que Libri l'avait eu à sa disposition ; qu'après son départ et en rangeant les documents par lui consultés, on n'avait plus retrouvé la *Divina comedia*, et que, par respect pour un nom cher à la science, on avait mis le détournement sur le compte d'un *visiteur étranger*.

Or, le catalogue des manuscrits cédés à lord Ashburnham porte, sous le n° 406 : « *Dante, Divina comedia* (fort joli) in-16, carré, 15e siècle, vélin. » La mention in-8° de l'inventaire de Carpentras aurait pu laisser croire d'abord à une dissemblance ; mais Libri, décrivant ce même ouvrage dans son catalogue adressé au ministre, le signale comme in-16.

Deux autres manuscrits sont désignés sur l'inventaire de Carpentras, le premier sous ce titre : « *Guill. Piacentino,* « *Trattato di chirurgia,* in-fol. ; » le deuxième sous ce titre : « *Poggius* (J. F.), *Panegyricus ad Emmanuelem regem,* in-fol., « vélin. » On retrouve dans le catalogue de la vente faite à lord Ashburnham les mêmes manuscrits ainsi mentionnés : « 1° *Guillelmo da Piacenza, Trattato di chirurgia,* in-fol., « 14e siècle, sur papier ; beau manuscrit d'un ouvrage cité par « l'Académie de la Crusca (important). » 2° *Poggii Floren-* « *tini Panegyricus ad Emmanuelem Portugalliæ regem,* in-4° « sur vélin, 15e siècle. »

Malgré ces rapports d'analogie, l'instruction n'a pas mis ces deux derniers ouvrages au nombre de ceux dont l'accusé doit compte à la justice.

On ne saurait passer sous silence les manœuvres employées par Libri, pour s'approprier, au préjudice de la bibliothèque de Carpentras, de riches manuscrits, lui qui avait reçu mission du Gouvernement d'en constater l'existence et d'en assurer la conservation. Le 20 mai 1841, dans une lettre adressée au bibliothécaire, qui donna sa démission en 1842, il lui fait, pour la première fois, mais d'une manière vague, une proposition d'échange. Dans une lettre du 12 septembre 1843, il lui exprime le désir d'avoir « quelques manuscrits incomplets en *provençal*, ainsi qu'un frag- « ment d'un *manuscrit grec*, qui est une *espèce de missel* et « qui est également incomplet. Ces livres, dit-il, ne sont « d'aucune utilité pour la ville. » Enfin, il ajoute : « Si vous « pouvez aider à cet échange vous me ferez plaisir ; et s'il « réussit, je m'engage à prendre une nouvelle souscription à « votre *Laure* plus nombreuse que la première. » Libri avait en effet, souscrit, en 1842, pour vingt exemplaires à

6 fr. (soit 120 fr.), à un ouvrage publié par ce bibliothécaire sur la *Laure de Pétrarque*. La retraite de ce dernier
ne permettait pas de donner suite à ces déloyales proposi-
tions. Quant à ces manuscrits *incomplets, inutiles à la ville,*
et convoités par Libri, il n'est pas inutile de rappeler qu'en
1842, il citait lui-même, dans le *Journal des savants*, comme
étant du plus grand intérêt, les manuscrits en langue pro-
vençale de la bibliothèque de Carpentras, et un évangéliaire
grec manuscrit, qui paraît bien être l'ouvrage adroitement
mentionné sous la désignation vague, *une espèce de missel.*
C'était faire entendre que ce manuscrit était peu important,
et n'avait dû laisser qu'un souvenir confus.

Libri ne s'est pas présenté devant le juge d'instruction,
mais il s'est défendu. Cette défense, quelquefois violente,
toujours habile, se jette dans des détails où la vérité est trop
souvent altérée et révèle toutes les ressources d'un esprit
souple autant qu'audacieux. Il y a du calcul jusque dans sa
témérité. Ses mémoires imprimés contrastent avec celui qu'il
a produit devant la chambre des mises en accusation : dans
les premiers, il est à côté des charges de l'instruction, les
détails abondent ; dans l'autre, il faut répondre aux chefs de
la prévention, sa réserve est extrême ; sous ses indications
incomplètes on sent non la confiance d'un homme sans reproche, mais la crainte de se trahir par la netteté et la précision. Le soin de son honneur devait l'amener devant la
justice, il l'a compris. Aussi veut-il être un *proscrit*, victime
de la *vengeance populaire.* « Les dictateurs, a-t-il dit, n'ont
« jamais eu la vie longue ; les temps changeront. Alors,
« quoi qu'il arrive, j'irai à Paris. » Libri est toujours à
Londres. La justice lui demande compte de nombreux détournements commis dans des dépôts publics ; elle produit
ses preuves ; il faut y répondre et non crier à la persécution.
Ces détournements sont inadmissibles, répond-on ; son
caractère, sa position scientifique devaient suffire pour écarter
les soupçons. Lui, qui déplorait la dilapidation de nos collections publiques, qui encourageait la publication des catalogues, lui, qui prêtait les mains à la description fidèle, dé-
taillée, au signalement des manuscrits, il aurait spolié ces
bibliothèques qu'il se plaisait à enrichir, témoin celles de
Carpentras, la Mazarine, la Bibliothèque nationale et les
archives de Florence ! Il y a là une invraisemblance devant
laquelle doivent tomber toutes les charges de l'instruction.
La position scientifique de Libri devait, en effet, le protéger et l'a protégé réellement contre le soupçon. C'est là ce
qui explique la marche suivie, en 1846 et 1847, par le chef

du parquet, la discrétion et la lenteur inévitable de ses recherches ; c'est là ce qui a retardé la découverte de la vérité.
Tant qu'il a été permis à la justice de douter, elle a douté ;
elle eût été heureuse de ne pas rencontrer de charges ; elle
serait heureuse d'espérer une justification. Mais si les faits
sont bien établis, n'y a-t-il pas quelque imprudence à rappeler trop complaisamment tout ce qui devait prémunir Libri
contre les suggestions de la cupidité ? Les faits ne deviennent-
ils pas plus graves, précisément parce qu'ils étaient plus in-
vraisemblables ?

Libri a publié, il est vrai, en 1842, dans le *Journal des
savants*, une notice sur les manuscrits de plusieurs bibliothèques départementales. Il en décrit un certain nombre ; il y
exprime le regret que les catalogues ne contiennent pas la
description fidèle, exacte de chaque manuscrit et de toutes
les pièces qu'il contient ; qu'ils ne donnent pas l'âge et les
circonstances paléographiques les plus remarquables qui s'y
rattachent. Mais, quand on veut réduire ce fait à sa propre
valeur, on se demande quel danger il pouvait y avoir pour
lui à décrire, par exemple, quelques-uns des manuscrits de
la bibliothèque de Troyes, qui en possède des milliers. On
y apercevrait même un certain avantage, celui d'écarter les
soupçons, de se créer au besoin un moyen de défense ; mais
la justice ne s'arrête pas à de simples conjectures, elle veut
des faits. Si donc elle démontre que tel manuscrit, tel autographe, tel ouvrage imprimé a été soustrait d'une bibliothèque publique ; si ce document, portant encore la preuve
de son origine, malgré les frauduleuses altérations qu'il a
subies, se trouve en la possession de Libri (ou de ses acquéreurs), de Libri qui, pour se l'approprier, a eu des facilités
bien regrettables ; si les faits de cette nature se reprodui-
sent, à l'égard de divers établissements publics, avec les mêmes
caractères, avec l'emploi des mêmes moyens, que deviennent
les prétendues invraisemblances ? Les vraisemblances doi-
vent-elles prévaloir sur la réalité ? Il s'agit de faits, l'accusation croit les établir ; c'est à l'accusé de les détruire.

La munificence de Libri aurait enrichi plusieurs bibliothèques ! Quant à celle de Carpentras et à la Mazarine, on
sait désormais à quoi s'en tenir. Il faut voir maintenant ce
qu'il en est de ses libéralités projetées à l'égard de la Bibliothèque nationale et des archives de Florence.

A l'en croire, il avait eu l'intention d'offrir ses riches
collections à la Bibliothèque nationale. Il y mettait, de son
aveu, trois conditions : 1° réunir ses livres et manuscrits
dans une même salle portant son nom ; 2° Ne jamais séparer des autres, sous aucun prétexte, même pour un instant,

un seul de ces volumes ; 3° en faire paraître le catalogue dans un temps donné. « A ma grande surprise, dit-il, ma proposition ne rencontra que des obstacles. » Cette offre se réduit à quelques mots échangés après un diner entre l'administrateur de la Bibliothèque nationale et Libri. Celui ci *avait dit vaguement qu'il pourrait peut-être un jour faire un beau don à la Bibliothèque nationale (alors royale) si M. l'administrateur le voulait.* A quoi l'interlocuteur avait répondu *qu'il accepterait avec grand plaisir.* La conversation n'alla pas plus loin, ni l'offre non plus. Sérieusement faite, cette offre eût été accueillie. L'administrateur a déclaré qu'on n'eût pas hésité à faire fléchir le règlement ; on s'en est bien écarté pour satisfaire à la volonté d'un testateur, M. Beck, disposant, en faveur du département des médailles, d'une valeur bien moins considérable, d'une valeur de 30,000 fr. Il eût suffi, ajoute le même témoin, *d'une lettre au ministre compétent ou même au conservateur de la bibliothèque, pour engager l'affaire dans une voie sûre et pour la conduire à un résultat positif.*

En 1844, l'accusé avait obtenu, par l'entremise du ministre de France en Toscane, l'autorisation de faire des recherches dans les archives de Florence. Mais il ne tarda pas à en être éconduit par un employé qui lui signifia le retrait de cette autorisation. C'était, au moins en apparence, une atteinte grave à l'honneur de Libri. De hautes influences politiques intervinrent en sa faveur et déterminèrent le gouvernement de Toscane à une réparation bien tardive. Ce fut en 1846 seulement qu'il rendit un arrêté présentant l'interdiction comme une mesure générale et *ne concernant en aucune manière M. le chevalier, professeur, Guillaume Libri.* Celui ci, qui avait adressé au ministre de Toscane une dénonciation sur des vols d'autographes commis dans les archives, *se piqua au jeu,* suivant son expression, et s'efforça de prouver que ces vols étaient imputables aux employés. Dans ce but, il acheta du sieur Charon 321 lettres autographes italiennes. Il fit rédiger de cette vente un acte notarié, en présence de témoins, et la quittance du prix d'acquisition fut déposée parmi les minutes du notaire. Les pièces parvinrent ensuite au gouvernement de Toscane avec une expédition des actes de vente et de dépôt. Ces autographes avaient été vendus au sieur Charon par un Italien, qui connaissait intimement Libri et le tutoyait dans sa correspondance. Le prix porté dans l'acte notarié est de 2,400 fr. ; le prix réellement payé n'est que de 1,500 fr. Or, qu'est-il arrivé? Le grand duc de Toscane, et c'était facile à prévoir, n'a voulu accepter les autographes qu'en

tenant compte à Libri des 2,400 fr. que celui-ci était censé
avoir déboursés. De telle sorte que cet acte de munificence
devient, en fin de compte, une bonne opération. Il faut
ajouter que l'accusé goûtait en même temps le plaisir de la
vengeance et que tant de zèle à dénoncer des soustractions
semblait devoir effacer jusqu'à la dernière trace les soupçons
qui l'avaient humilié.

Pour expliquer la découverte des documents accusateurs
tombés dans les mains de la justice, on a eu recours à un
moyen qui mettrait la défense parfaitement à l'aise :
M. Libri, a-t-on dit, *a fait des achats en bloc, sans examen
antérieur ni postérieur, de parties de livres considérables.
Quelques feuillets sont entrés à son insu dans des amas de
papiers achetés sans triage.* D'abord on reconnaîtra que les
bibliophiles ne procèdent pas habituellement ainsi : ils re-
cherchent avec une attention curieuse et ils découvrent facilement dans un ouvrage ce qui en fait le prix et la rareté. Ensuite les volumes, les manuscrits, dont on reproche à Libri le détournement, sont tellement précieux que,
dans l'hypothèse même d'une vente en bloc, le possesseur
les lui aurait signalés. Enfin leur nombre, les circonstances
dans lesquelles ils ont disparu des bibliothèques pour se
retrouver en la possession de Libri, les artifices auxquels on
a eu recours pour les rendre méconnaissables, tout repousse
l'idée qu'il en aurait ignoré l'origine, qu'il les aurait pos-
sédés à son insu ou vendus innocemment.

De la défense, on n'a pas craint de passer à l'attaque et
l'on s'est permis contre les délégués de la justice d'odieuses
insinuations : *Une feuille de papier*, a-t-on dit, *pénètre plus
aisément qu'un volume par-dessous les scellés.* Libri, de son
côté, a écrit à M. de Falloux (p. 23) : « J'ai laissé chez moi
« pour environ 45,000 fr. de valeurs de différente nature :
« des billets à ordre, des bons, des actions industrielles, etc...
« Au moment opportun je fournirai la preuve que ces va-
« leurs ont disparu de chez moi, sans que j'aie pu savoir
« ce qu'elles sont devenues. Tout annonce qu'elles ont dû
« être soustraites dans les violations si fréquentes que mon
« domicile a subies. » La passion conseille mal. Comment !
Libri aurait abandonné dans son domicile 45,0 0 fr. de valeurs, quand il prenait soin de faire enlever, non-seulement
ses 18 caisses de livres, mais encore les 25 ou 30,000 volumes de sa bibliothèque, quand il recommandait de brûler
ses papiers, quand il quittait la France ! Oublie-t-il donc
que, depuis sa fuite, son appartement, confié à la garde de
son domestique, n'a plus été accessible qu'à ses amis, jusqu'au
22 mars, jour où la justice, avant toute nomination d'experts,

s'y transportait elle-même pour n'y plus trouver que les gros meubles et constater l'enlèvement de ce qui les avait garnis ? Ces indignes récriminations doivent se taire devant la justice. Elles serviraient mal la cause réduite à de si tristes expédients. D'ailleurs les faits ne s'écroulent pas sous la violence des invectives; quoi qu'on fasse, il faut bien compter avec eux. Or, après avoir été soumis au contrôle le plus attentif, le plus sévère, ceux qui viennent à la charge de Libri sont exactement précisés. Existent-ils ? n'existent-ils pas ? L'indignation, fût-elle sincère, ne saurait dispenser d'une réponse.

En conséquence, Guillaume-Brutus-Timoléon Libri, absent, est accusé,

D'avoir, à différentes époques, remontant à moins de dix ans, soustrait, frauduleusement, diverses pièces contenues dans des dépôts publics, et consistant en livres imprimés, en autographes et en manuscrits, savoir :

Premièrement, dans la bibliothèque Mazarine, à Paris,

Les imprimés :

1° Pétrarque, gli Triomphi, 1475, Bologne, in-folio.

2° A. Cinthio, Origine delli volgari Proverbi, Venise, 1526, in-folio.

3° Homerus, de Bello trojano, Paris, 1498, in-4°.

4° Faccio degli Uberti, opera chiamato, *ditta Mundi*, Venise, 1501, in-4°.

5° Boccaccio, la Teseïde, Venise, 1528, in-4° (recueil).

6° Pulci, il Driadeo, in-4° (recueil.)

7° Cornazani, de Fide et vita Christi, 1472, in-4° (recueil).

8° Laurent de Médicis, Canzone a Ballo, Florence, 1568, in-4° (recueil).

9° Justus de Comitibus, la Bella Mano, Venise, 1474, in-4° (recueil).

10° Boiardo, Sonetti e Canzone, Reggio, 1499, in-4° (recueil).

11° Boiardo, Timone, Scandiano, 1500, in-4° (recueil).

12° F. de Lodovici, l'Antheo gigante, Venise, 1524, in-4°.

13° Ariosto, Orlando Furioso, Milan, 1524, in-4°.

14° P. Bembo, Rime, 1535, Venise, in-4°.

15° Galeomyomachia.

16° Æneas Silvius, Historia de duobus amantibus, in-4° (recueil.)

17° Petrarque, Epistola de Historiâ Griseldis, in-4° (recueil).

18° Libro del Esforçado Cavallero Partenuples, Burgos, 1547, in-4°, gothique.

19° Dante, Convivio, Florence, 1490, in-4°.

20° Phalaris Epistole, traducte del latino da Bartol. Fontio, 1471, in-4°.

21° Seneque Epistole, in-4°, Rome, 1475.

22° Pamphyli, poetæ lepidissimi, Epigrammatum libri quatuor.

23° Antonio di Tempo, de Rhythmis vulgaribus, Venise, 1509, in-8° gothique (recueil).

24° N. Rossi : Discorsi intorno alla tragedia, Vicence, 1589, in-8° (recueil).

25° N. Rossi : Discorsi intorno alla comedia, Vicence, 1589, in-8° (recueil).

26° Boccace : Dialogo d'amore, in-12, Paris, 1624 (arraché d'un recueil).

27° Laurent de Médicis : Poësie vulgari, Venise, 1554, in-8°.

28° Angelo Politiano, Cose vulgari, Venise, 1504, in-8°.

29° Rinaldo appassionato, Venise, 1538, in-8°.

30° Tarchagnota, l'Adone, 1550, in-8° (arraché d'un recueil).

31° Strac. Campana, Lamento soprà el malo incognito, Venise, 1523, in-8° (arraché d'un recueil).

32° Clitia : L'infelice Amore..., Venise, 1553.

33° Cino da Pistoia et Buonaccorso da Montegnano, Rome, 1559, in-8°.

34° Et 23 pièces suivantes, formant un volume sous le n° 21,960 de la bibliothèque Mazarine :

1° Ariosto Stanze tramudade par el dottor Partesanon, Venise, 1594, in-8°.

2° G. C. Croce, Vita, Gesti... dal gigante dello Sgarmigliato, in-8°.

3° G. P. Baglione, Lamento..., Pérouze, 1595, in-8°.

4° Li nomi et cognomi di tutte le provincie e Citta d'Europa, Sienne, in-8°.

5° V. Nicolai Opera nova molta bella dimandata, in-8°.

6° Ant. da Jose : La Speranza di poveri, Naples, in-8°.

7° Successo bellissimo d'amore d'un Giardiniera, 1594, in-8°.

8° Lamento e morte di Bened. Mangone, in-8°.

9° Vanto et Lamento della Cortigiana Ferrarese, in-8°.

10° G. Accolti lo grande ammazzamento de Papari, etc., Rome, 1595, in-8°.

11° P. di Fabritio, Opera nova sopra l'abbondanza, in-8°.

12° G. Accolti Allegrezza de poveri, Roma, 1593, in-8°.

13° Capitolio di Cuccagna, in-8°.

14° R. Cieco, Fioretto e scielta di Vilanelle, Pérouze, in-8°.

15° Canzone et Barzelette ridiculose, in-8°.

16° G. C. Croce : Canzone di Maddona disdignosa, Bologne, 1594, in-8°.

17° J. Simon Martini : Arpalice amorosa Orvieto, 1594, in-8°.

18° G.-G. Brunetto : Opera nova di dui amanti, Naples,
1595, in-8°.

19° B. Bellini, Opera nuova, vaga e bella, in-12.

20° Opera nella quale si contiene un bellissimo capitolo,
in-8°.

21° Ravanello : La piacevole Astrologia.

22° Opera nuova dove si contiene due mattinale bellis-
sime, Florence, in-8°.

23° Antonio di Palma. Opera nuova dove si contiene le as-
tutie delle cortegiane, in-8°.

35° Opera quale contiene le diece tavole de proverbi, Turin, 1535, in-8° (recueil).

36° Operetta nella quale si contengono proverbi, in-8°
(recueil).

37° Libretto copioso di bellissimi proverbi, in-8° (recueil).

38° L'Ariosto herbolato, in-8°, Venise, 1545.

39° L. Malclavelli Compendium, in-8°.

Deuxièmement, dans les bibliothèques et archives de l'Institut, en autographes :

1° De nombreuses lettres faisant partie de la collection de
Godefroy, notamment des lettres de Henri IV à Marguerite
sa première femme, de l'avocat général Servin, du maréchal
d'Ancre, du connétable de Luynes, de Balzac, d'Anne d'Autriche au chancelier Séguier, de Mlle de Montpensier au
même, d'Arnaud d'Andilly, au même, de Christine de Suède
à Mazarin, de Chanut, ambassadeur en Suède ; des lettres
écrites aux Godefroy par Dupuy, Michel de Marillac, Ducange, Gobelin, Pellisson, Bergeron, le ministre de Lionne,
Colbert, Mathieu Molé, de Harlay, Peiresc, les frères Sainte-
Marthe, Camuzat, le maréchal Fabert, etc.

2° Des lettres adressées aux Valois et à Guichenon.

3° Une lettre de J. de la Scala à Scevole de Sainte Marthe.

4° De nombreux feuillets, écritures et dessins de Léonard
de Vinci.

5° 48 rapports de l'Académie, écrits ou signés par Buffon,
d'Anville, Vaucanson, Cassini, d'Alembert, Laplace, Condorcet, Legendre, Fourcroy, Silvestre de Sacy et autres.

6° Plusieurs lettres adressées à Bignon, Mairan et Lebeau,
secrétaires de l'Académie, diverses notes et pièces, six lettres
de ministres, adressées aux présidents ou directeurs de l'Académie des sciences de 1775 à 1799.

7° Un procès-verbal des expériences de Lavoisier, déposé
à l'Académie le 7 décembre 1773.

8° Cinq lettres autographes de Renaldini à Roberval, de Torricelli au P. Mersenne et de Borda.

9° Diverses autres lettres de Torricelli à Carcavi, à Roberval et au P. Mersenne.

10° Des manuscrits autographes du géomètre Frénicle.

Troisièmement, dans la Bibliothèque nationale :

En autographes :

1° Collection Baluze.

Des pièces et lettres faisant partie de cette collection, savoir : lettres de la correspondance politique de M. de Marca, de Malherbe à de Bullion, un opuscule de Beroaldus, intitulé *de Labyryntho;* lettres de divers officiers à la reine de Navarre Jeanne d'Albret; lettre à la même par Catherine de Médicis; Remarques sur diverses pièces, au sujet du Règlement du Roi sur les maisons religieuses (1667); lettres écrites au duc Bernard de Saxe-Weymar, par Hugo Grotius, Bouthillier de Chavigny et Gaston d'Orléans; une lettre de Chrestienne de Croï, princesse de Salm, au même; plusieurs lettres de Servin à M. de Sabran; une lettre de Victor Amédée, duc de Savoie, au même; plusieurs lettres à Gaston d'Orléans par Marie de Médicis et par Anne d'Autriche; plusieurs lettres écrites à Baluze par Mabillon et autres savants; plusieurs lettres bibliographiques entre Colbert ministre, Colbert coadjuteur et Baluze.

2° Correspondance Boulliau.

Cinq lettres faisant partie de cette correspondance.

3° Collection Peiresc.

Plusieurs lettres faisant partie de la collection Peiresc; notamment une lettre de Saumaise, deux lettres de Rigault, deux de Dupuy, une de Naudé, une de Chifflet, une de Diodati, deux de Duchesne et une de Godefroy.

4° Collection des frères Dupuy.

Divers documents et lettres faisant partie de cette collection; notamment cinq lettres de Casaubon au président de Thou; plusieurs lettres de Rubens à Dupuy; des lettres de Galilée, Barclay, Camden, Heinsius; des traités astronomiques de Gassendi, un alphabet cophte; deux lettres du président de Thou à Casaubon; quatre lettres de Saumaise au même; des manuscrits, des lettres de Peiresc à Dupuy, et autres papiers du même savant.

Quatrièmement, dans la bibliothèque de Troyes :

En imprimés :

1° Capitoli del P. Aretino, etc., Venise, 1540, in-8°.

2° Cancionero de Pomances, etc., in-12, 1550.

3° Il Pecorone di ser Giovanni Fiorentino, Milan, 1558, in-8°.

4° L'illustre e famosa historia di Lancillotto del Lago, etc., Venise, 1558, 2 vol. in-8°.

5° Homeri Ilias in versus vulgares translata, Venise, 1526, in-4°.

6° Canzoni overo mascherate carnascialesche, Florence, 1560, in-8°.

7° Historia dei due nobilissimi et valorosi fratelli.... Venise, 1612, in-8°.

8° Venturino Pisauro. Il Cavaliere, Milan, 1530, in-4°.

9° La Obsidione di Padua, in-4°, Venise, 1510 (recueil).

10° La Historia di tutte quante le guerre, etc., in-4° (recueil).

11° Libro de Palvano, Venise, 1508, in-4° (recueil).

12° Ludovicus Sfortunatus artibus studens, ou Rime di Ludovico Sfortunato, Venise, 1489, in-4° (recueil.)

13° Matheolus, in-4°.

14° Recueil des histoires de Troyes, composé par vénérable homme Raoul Lefebvre.

Cinquièmement, dans la bibliothèque de la ville de Grenoble :

En imprimés :

1° Dictionnaire du patois du Bas-Limousin, Tulle, in-4°.

2° Ant. Cornazani opus... de proverbiorum origine, 1503, Milan, in-4°.

3° El sanguinolento et incendioso assedio del Gran Turcho, in-4°.

4° Stramboti... da Sasso modonese, Milan, 1551, in-4°.

5° Libro Chiamato Buovo d'Antona, Milan, in-4°.

6° Alcibiade Fanciullo a Scola, Orange, 1652, in-12°.

7° Opera Joconda; G. Alioni, 1521, in-8°.

Sixièmement, dans la bibliothèque de la Faculté de médecine de Montpellier :

En imprimés :

1° Catullus, Tibullus, Propertius; Alde, Venise, 1515, in-8°.

2° C. Sallustii Conjuratio Catilinæ et Bellum Jugurthinum; Alde, Venise, 1519, in-8°.

3° Libro dell'arte della guerra, di Nicolo Machiavegli; Alde, Venise, 1540, in-8°.

En autographes ·

Plusieurs lettres, un cahier entier de Christine de Suède, et une lettre de P. Arétin à Manuce.

Septièmement, dans la bibliothèque de la ville de Carpentras :

En manuscrits :

1° Il Cortegiano di Castiglione, in-folio, con note del tempo e correzioni, in-folio.

2° Dante, Divina Commedia di Tommaseo Spinelli, in-16, vélin, XVᵉ siècle.

En autographes :

De nombreuses pièces de Peiresc, notamment 295 feuillets des manuscrits de ce savant et diverses lettres écrites à de Mazaugues par Montfaucon, Spon et le P. Lelong.

Crimes prévus par les art. 254 et 255 du Code pénal.

Fait au parquet de la cour d'appel de Paris, le 2 mai 1850.

Le procureur général,

E. DE ROYER.

La cour d'assises du département de la Seine a rendu, par contumace, le 22 juin 1850, l'arrêt dont la teneur suit :

« Vu l'arrêt rendu le 12 avril 1850 par la cour d'appel de Paris, chambre des mises en accusation, lequel ordonne la mise en accusation et le renvoi devant la cour d'assises du département de la Seine, de Guillaume-Brutus-Timoléon Libri-Carrucci, âgé de 46 ans, né à Florence, membre de l'Institut, professeur au collège de France, ayant demeuré à Paris (absent) ;

« Vu l'acte d'accusation dressé par le procureur général le 25 dudit mois d'avril, ensemble le procès-verbal en date du 22 mai suivant, portant signification au susnommé desdits arrêt et acte d'accusation, constatant, en outre, qu'il n'a pas été saisi ;

« Vu l'ordonnance de déchéance rendue par le président de la cour d'assises le 8 de ce mois, ensemble le procès-verbal du même jour, constatant les publications et affiches de ladite ordonnance ;

« Et cejourd'hui, à l'appel de la cause,

« Ouï la lecture faite par le greffier, de l'arrêt de renvoi susdaté et des procès-verbaux susdits ;

Ouï, pour le procureur général, M. Suin, avocat général, en son réquisitoire, tendant à ce qu'il soit passé outre au jugement du fond ;

Attendu la régularité de la procédure ;

« La cour, après en avoir délibéré, faisant droit au réquisitoire,

« Considérant que la procédure est régulière, ordonne qu'il soit immédiatement passé au jugement du fond.

« En conséquence, ouï la lecture faite par le greffier, de acte d'accusation et autres pièces du procès ;

« Ouï de nouveau M. l'avocat général en son réquisitoire,
tendant à ce qu'il plaise à la cour déclarer le susnommé
coupable des faits à lui imputés et le condamner aux peines
portées par la loi ;

« La cour, après en avoir délibéré de nouveau, faisant
droit sur ledit réquisitoire,

« Considérant qu'il résulte de l'instruction la preuve que
Libri-Carrucci a, à différentes époques remontant à moins
de dix ans, soustrait frauduleusement diverses pièces contenues dans des dépôts publics et consistant en livres imprimés, en autographes et en manuscrits,

« Déclare Libri-Carrucci coupable du crime prévu par les
art. 254 et 255 du Code pénal.

« Vu lesdits articles, ensemble l'art. 21 du même code,
dont lecture a été faite par le président et qui sont ainsi
conçus :

« Art. 254. Quant aux soustractions... de pièces... ou
« d'autres papiers, registres... contenus dans des dépôts pu-
« blics, les peines seront contre les greffiers, archivistes ou
« autres dépositaires négligents, de trois mois à un an d'em-
« prisonnement et d'une amende de 100 à 300 francs.

« Art. 255. Quiconque se sera rendu coupable des soustrac-
« tions, enlèvements ou destructions mentionnés en l'article
« précédent, sera puni de la réclusion...

« Art. 21. Tout individu... condamné à la peine de la
« réclusion sera renfermé dans une maison de force.

« La durée de cette peine sera au moins de cinq années
« et de dix ans au plus.

« Faisant application des dispositions desdits articles,

« Condamne Guillaume-Brutus-Timoléon Libri-Carrucci
à dix ans de réclusion.

« Et, vu les dispositions de l'art. 368 du Code d'instruction criminelle,

« Condamne Guillaume-Brutus-Timoléon Libri-Carrucci,
envers l'Etat et par corps, aux frais du procès liquidés à
9,224 fr. 75 c. ;

« Ordonne que le présent arrêt sera exécuté à la diligence
du procureur général.

« Fait et prononcé au palais de justice, à Paris, le 22
juin 1850, en l'audience publique de la cour d'assises, où
siégeaient M. Barbou, président, MM. Noël du Payrat et
Michelin, conseillers, lesquels, ainsi que Mᵉ Commerson,
greffier, ont signé le présent arrêt. »

PARIS. — TYPOGRAPHIE PANCKOUCKE, RUE DES POITEVINS, 8 ET 14.

9 782014 077827